내 연구의 핵심들을 깜짝 놀랄 만큼 훌륭하게 집약했다!

톰 라이트 세인트앤드루스 대학교 신약학과 초기 기독교학 교수

톰 라이트라는 관광지는 꽤나 넓고 지형도 독특하다. 이 책은 톰 라이트를 여행하고 싶은 이들을 위한 최적의 안내서다. 그의 저작들을 소개하고 그림까지 곁들여 그의 작업에 어떤 의미가 있는지, 실제로 그가 무슨 말을 하는지, 우리 생각의 흐름을 어떻게 바꾸어 갈 수 있는지 친절하게 알려 준다. 톰 라이트를 찾는 국내 독자들 상당수가 신학자가 아니라 신앙적 사고의 돌파구를 찾는 성도들이라는 점에서 더없이 반가운 책이다.

권연경 숭실대학교 기독교학과 교수, 『위선』 저자

톰 라이트를 알지 못했다면, 나는 기독교 웹툰을 시작할 만한 신학적 상상력의 중요한 씨앗을 갖지 못했을 것이다. 그가 여러 책을 통해 제시한 '이 세상을 향한 하나님의 프로젝트'라는 큰 그림은 그만큼 나의 신앙과 창작 세계에 지대한 영향을 끼쳤으며, 내가 그리스도인으로서 계속 예술을 해 나갈 근거마저 마련해 주었다. 그래서 내세만을 위한 개인적 신앙에 머물지 않고 세상 속에서 어떻게 하나님 나라에 참여해야 하는지 고민하기 시작한 이들에게, 나는 늘 톰 라이트의 책을 추천해 왔다. 하지만 이제는 이 책을 가장 먼저 추천할 것이다. 지금까지 출간된 톰 라이트의 방대한 책들을 한데 모아서 그가 다룬 여러 주제들을 쉽고 간결하게, 직관적인 일러스트와 함께 친절하게 전달해 주는 책이다.

김민석 웹툰 작가, 에끌툰 대표, 『창조론 연대기』 저자

톰 라이트의 최고 매력은 성경의 대서사시 안에서 지금 내 삶에 어떤 의미가 있는지 알려 준다는 것이다. 이 책은 칭의나 속죄같이 어렵고 복잡한 신학 논쟁에 매이지 않고 하나님, 세상, 역사, 인간의 의미 등 우리의 삶 속 실질적 주제들에 관한 톰 라이트의 통찰을 간결하면서도 짜임새 있게 엮어 낸다.

최현만 번역가, 에클레시아북스 대표, 정신건강의학과 전문의

우리 세대에서 가장 왕성하게 활동하는 신약학자의 방대한 사고를 잘 소개해 주는 매우 기발하고 유용한 개론서다. 선교하는 교회, 예수님의 방식에 따르는 제자도, 하나님 나라의 삶이 무엇인지 보다 더 잘 이해하고자 하는 이들에게 톰 라이트의 사상은 선물과도 같다. 마를린의 이 책은 라이트의 핵심 사상을 잘 추려 내 주었다. 유익한 책이다.

앨런 허쉬 작가, 사상가, 사회운동가, alanhirsch.org

주 예수님은 복잡한 것들을 간단하게(단순화하지 않고 간단하게) 만드는 놀라운 능력을 갖고 계셨다. 이는 그분의 가르침을 들은 이라면 누구든 그 내용을 잘 소화하고 기억하고 전할 수 있었다는 의미다. 이 책에서 마를린은 예수님께 그 능력을 전수받아 세계 제일의 신학자 중 하나인 N.T. 라이트의 신학적 통찰을 간단하게 설명해 준다. 이제 우리는 누구든 톰 라이트의 작품을 잘 읽고 이해할 수 있다. 이 책은 모든 신학생들, 기독교 사역자들 및 톰 라이트에게 관심을 지닌 남녀 평신도들에게 크나큰 선물이다.

마이크 브린 3DM 운동 창립자

마를린 바틀링은 복잡한 개념을 과감한 그림에 담아냈는데, 이 그림들은 반직관적이며 솔직히 말해 눈부시게 멋지다. 이 책에서 그는 N.T. 라이트의 글에 담긴 현대 성서학의 가장 웅대한 명제들 몇몇을 가져와 이해하기 쉽게 전해 준다. 그 결실은 실로 설득력 있고, 일깨움을 주며, 교육적이다. 이 책을 읽고도 N.T. 라이트의 사상을 더 잘 이해하지 못하는 건 불가능하다.

제라드 켈리 블레스 네트워크 대표, *The Seven Stories that Shape Your Life* 저자

읽고 이해하기에 아주 쉬운 방식으로 N.T. 라이트의 저서들을 요약한 아주 귀한 책이다. 나는 성경의 다양한 중요 주제들을 이해하는 데 도움을 주는 길잡이로서 이 책을 모든 이들에게 추천한다. N.T. 라이트의 책을 이전에 몇 권 읽어 봤지만, 마를린의 이 요약서를 읽은 후 좀더 두꺼운 책들에 도전할 수 있었다. 훌륭한 책이다.

배리 위슬러 하베스트넷 인터내셔널 대표

때로 우리는 '백문이불여일견'이란 말을 듣는다. 간결하면서도 참 재밌는 이 책을 통해 나는 '이제 보니 알겠네'라는 말처럼 톰 라이트를 이해할 수 있게 되었다. 마를린 바틀링은 N.T. 라이트 교수의 때로 복잡한 설명을 '보고 이해하도록' 돕는 훌륭한 시각적 메아리들을 제공해 준다. 톰 라이트가 일부러 글을 어렵게 쓰려고 한 것은 아니지만, 세상과 하나님의 길들은 서로 복잡하게 얽혀 있기 때문에 깊은 생각과 숙고와 설명을 요구한다. 마를린은 세상과 성경에 대한, 그리고 만물을 자신과 화해시키시는 하나님의 방식에 대한 톰 라이트 사상의 기본 틀을 훌륭하게 안내해 준다.

데이비드 시무스 박사, N.T. Wright Online

N.T. 라이트의 영적 통찰들을 읽기 쉬운 형식으로 잘 집약해 낸 놀라운 책이다! 바틀링은 그림들을 사용해 라이트가 여러 책에서 상세히 설명했던 깊은 영적 진리를 우리 모두가, 특히 새로 떠오르는 세대가 잘 이해하도록 돕는다. 성경 공부나 소그룹 토론, 제자 훈련에서 이 간결하면서도 포괄적인 입문서를 활용하라.

키스 블랭크 펜실베이니아 소재 랭커스터 메노나이트 컨퍼런스의 주교

톰 라이트는 처음입니다만

IVP(InterVarsity Press)는
캠퍼스와 세상 속의 하나님 나라 운동을 지향하는
IVF(InterVarsity Christian Fellowship)의 출판부로
생각하는 그리스도인을 위한 문서 운동을 실천합니다.

The Marriage of Heaven and Earth
Copyright ⓒ 2017 Marlin Watling
Used and translated by the permission of Marlin Watling
Hermann-Löns-Weg 81, 69207 Sandhausen, Germany.
All rights reserved.

This Korean Edition copyright ⓒ 2019 by Korea InterVarsity Press
156-10 Donggyo-Ro, Mapo-Gu, Seoul 04031, Republic of Korea.

톰 라이트는 처음입니다만

톰 라이트의 하나님 나라 신학 입문

마를린 바틀링 | 카트야 톤 그림

박장훈 옮김

Ivp

차례

서문 11

1장
신학계의 슈퍼스타, 톰 라이트
17

2장
톰은 어떤 점에서 새로운가?

- 이야기로 보는 성경 36
- 예수님 안에 일어난 사건 50
- 하나님 나라의 의미 59
- 도덕에 관한 새 해석 72

3장
이야기가 바뀌었다

- 새로워진 두 눈 86
- 창조 때 그랬듯 우리는 하나님의 형상이며 여전히 이 세상에서 하나님의 동역자다 110

4장
하나님의 새 세상에서 살며
하나님이 최종적으로 일하시길 기다리기

- 우리 영혼 속 네 개의 메아리 128
- 하늘과 땅이 결혼할 것이다 139
- 이것이 사후의 삶이다 147
- 우리가 한 일은 헛되지 않았다 157
- 결론: 당신은 어떤 노래를 부르는가? 166

이 책에 이어서 169

부록: 자주 하는 질문 171

부록: 더 깊이 파기 177

주 185

일러두기
구약성경 인용은 새번역을, 신약성경 인용은 톰 라이트의 『하나님 나라 신약성경』을 사용했다.

서문

이미지가 세상을 움직인다. 컴퓨터를 켜고 요즈음 가장 인기가 많은 웹사이트에 들어가 보라. 페이스북, 핀터레스트, 유튜브, 트위터, 인스타그램. 이런 웹사이트들을 돌아가게 하는 것은 시각 이미지와 짧은 댓글들이다. 이 이미지와 댓글을 통해 당신은 자신의 의견을 나누고 다른 이들과 교류할 수 있다. 우리 시대의 특징은 정보가 함축적이며, 단편적 개념들로 구성된 긴 생각들보다 이미지가 지배적이라는 것이다. 대중의 생각은 바쁘게 돌아가며 하루에도 수많은 정보들을 추려 낸다.

　이 상황 속에 우리 그리스도인이 있다. 우리는 설교를 듣고, 의견을 내고, 각종 주장을 펼친다. 이미지 위주의 방식을 추구하는 교회들이 있긴 하지만, 우리가 속한 보다 넓은 문화에 우리의 생각을 연결시키는 것은 여간 어려운 일이 아니다. 참 안타까운 노릇이다. 문화가 조각조각 분열된 탓에 사람들은 방향성을 찾아 헤맨다. 우리 사회 속에서, 조각을 이어 주는 큰 이야기는 찾을 수 없다. 그래서 회사는 그들의 공장에 '사훈'을 주입시키고, 비영리단체는 지구의 여러 측면을 보호하기 위해 그들의 '사명'을 사람들에게 납득시키는 데 집중한다. 코칭이 역대 최고의 인기를 누린다. '적시 적소'에 머무는 것은 역대 최저의 평가를 받는다. 사람들이 그렇게나 명백히 필요로 하는 운명이라는 감각을 〈위대한 생애〉(*the Greatest Story Ever Told*, 예수님의 삶과 죽음과 부활에 대한 1965년작 영화—역주)가 심어 준다면 좋지 않을까? 모든 사람들이 찾아 해매는 깊은 목적과 위치와 방향이라는 감각을 복음이 준다면 참으로 좋지 않을까?

이미지를 조금 사용해 보는 것은 어떨까? 이미지는 우리 시대의 언어이므로, 우리가 실제로 말하고자 하는 바를 재조명해 볼 수 있을 것이다. 우리가 그동안 해 왔던 이야기 중 상당 부분이 틀린 것으로 드러나긴 했지만 말이다. 적어도 N.T. 라이트(Wright)에 따르면 그렇다. 주교이자 교수이자 작가이자 그리스도인인 그는 오늘날 가장 영향력 있는 목소리를 내는 사람으로 꼽힌다. 그는 전성기의 마이클 조던이 득점하던 것보다 더 빨리 글을 쓴다. 또한 작품에 기독교 사상의 방대한 영역, 즉 예전과 덕, 교회와 선교, 경건 생활과 신학, 역사와 앎의 방식 등을 다 아울러 다룬다. 그는 두 독자층을 위해 책을 쓴다. 하나는 학계를 위한 책으로, 여섯 권짜리 광범위한 시리즈 "기독교의 기원과 하나님의 문제"(*Christian Origins and the Question of God*)가 이에 속한다. 또한 그는 일반 대중을 위해서도 책을 쓰는데 그리스도인의 인격, 예배, 부활, 복음, 예수님, 하나님 나라, 성경에 대해 썼으며 그 외에도 아마 백 가지 다른 주제를 다루었을 것이다.

자, 그렇다면 우리 시대 가장 저명한 신학자가 우리에게 하고자 하는 말은 무엇인가? 우리는 그의 작품을 모두 읽어 보고서, 그 내용을 함축한 요약본이 있으면 아주 좋겠다는 결론을 내렸다. 톰 라이트의 사상은 심상치 않다. 거대하다. 모든 것을 바꿔 버릴 가능성이 있다. 말 그대로다. 그래서 우리는 그의 작품 중 가장 유명한 것들을 골라 그것을 이미지로 그려 보았다. 그의 주요 생각들을 설명해 주는 간단한 스케치들이다. 그다음에 그의 핵심 사상을 설명하기에 가장 좋은 그림들을 다시 골라 재배열했다. 그림 하나가 천 마디 말보다 많은 것을 말해 준다. 이 책의 이미지들은 성경의 큰 그림을 당신에게 소개해 줄 것이고, 그것이 우리 시대에 지닌 의미를 알려 줄 것이다. 당신은 톰 라이트를 몇 시간 안에 파악할 수 있을 것이다(여태껏 불가능해 보였던 작업인데도 말이다). 자신의 이야기를 세상의 더 큰 이야기와 연결해 주는 그림들을 보게 될 것이며, 일생의 사명으로 부르심을 받을 것이다.

이 책은 네 부분으로 나뉘어 있다. 첫 부분은 톰과 그의 생애를 소개한다. 두 번째 부분은 그가 제공해 준 새로운 지점들이 무엇인지, 교회를 뒤흔드는 그만의 독특한 통찰을 다룬다. 특히 구약성경을 뒤덮고 있는 율법을 포함해 성경 전체를 이야기로 읽는 것, 예수님 삶 속에 일어난 사건이 우리가 복음을 이해하는 일에 미치는 영향, 여기에서 시작된 하나님의 새 창조로 하나님 나라를 보는 새로운 이해, 마지막으로 훈계하거나 잘난 체하는 태도 없이 윤리를 이해하는 방법을 포함한다.

다음으로 세 번째 부분은, 이렇게 바뀐 이야기의 결과로 나아간다. 마음이 새롭게 되는 것, 이 시대에 하나님의 형상으로 살아가는 법, 이 세상에서 악에 맞서는 법을 논한다. 네 번째 부분에선 하나님의 새 세상에서 산다는 것이 무엇을 의미하는지 이야기할 것이다. 즉 소망이 어디로 향해 가는지, 사후의 삶이 의미하는 바는 무엇인지, 우리가 지금 하는 일이 왜 헛되지 않은지 이야기한다.

그 과정에서 우리는 세 가지 중요한 신학 개념을 탐구할 것이며, 현대 기독교가 잘못 이해하고 있는 주요한 주제들 일부도 바로잡을 것이다. 예를 들어 성경을 읽는 법, 복음을 간결하게 설명하는 법, 도덕을 다루는 법, 무엇을 소망해야 하는지 등이다. 무거운 주제들이지만 오랫동안 잘못 이해된 점들이 많아 교정할 부분이 많다.

물론 우린 톰 라이트에게 많은 것을 빚졌다. 이 책에 담긴 생각들은 모두 그의 것이며, 우리는 그저 글의 세계를 그림의 세계로 옮기는 '번역자' 역할을 했을 뿐이다. 우리가 라이트 교수에게 이런 일을 하려 한다 전했을 때, 그는 기뻐하는 듯했지만 이 일에 직접 관여하거나 이 책을 자세히 검토해 볼 시간을 내지는 못했다. 그래서 결국 우리가 자유롭게 쓰게 되었다.

우리 원고를 읽고 귀중한 피드백을 주신 분들이 여럿 있다. 데이비드 시무스(David Seemuth) 교수(웹페이지 "N.T. Wright Online"을 운영하며 톰 라이트와 함께 온라인 강의를 하신다), 데릭 브리랜드(Derek Vreeland), 에드 아인시들러(Ed Einsiedler), 크리스 짐머만(Cris Zimmermann), 제라드 켈리(Gerard Kelly), 크리스티안 레싱(Christian Lessing), 필립 짐머만(Philip Zimmermann), 배리 위슬러(Barry Wissler)가 그분들이다. 카트야 톤(Katja Tonn)은 전문가 수준의 삽화를 완성해 주었고, 콘스탄체 폰 데어 골츠(Constanze von der Golz)는 책 표지를 디자인해 주었으며, 모토키 톤(Motoki Tonn)은 책 전체의 미술 감독을 맡아 주었다.

댄 로암(Dan Roam)이 우리의 언어 선생님이었다. 냅킨에 그림을 그리는 그의 스타일에 자극을 받아 이 시리즈가 탄생하게 되었다. 그의 도구들은 귀중하며, 그 중요성이 앞으로 더 커질 것이다.

마지막으로 우리의 이런 생각들 중 많은 부분을 토론하고, 검토하고, 시행해 볼 수 있는 환경을 우리가 속한 지역 교회들과 우리 네트워크 스파크 유럽(Spark Europe)에서 제공해 주었음을 밝힌다.

자, 이로써 톰의 세계에 온 여러분을 환영한다.

2016년 8월, 하이델베르크에서

마를린 바틀링

1장

신학계의 슈퍼스타, 톰 라이트

이 사람이 톰이다

니컬러스 토머스 라이트,
이 책이 다루게 될 사람.

이 사람이 바로 톰이다. 그는 마르틴 루터(Martin Luther)가 그의 시대에 했던 일, 즉 하나님에 대한 우리의 시각을 바꾸어 주는 일을 우리 시대에 하고 있다. 또한 하나님의 삶과 성품을 새롭게 바라볼 수 있도록 도와준다.

톰은 1948년 12월 1일, 잉글랜드 북쪽 끝자락에서 태어났다. 그의 정확한 이름은 니컬러스 토머스 라이트(Nicholas Thomas Wright)다. 그래서 사람들은 종종 그를 "N.T. 라이트"라 부른다. 매우 격의 없는 사람이기 때문에 사람들은 그를 "톰"(Tom)이라 부르고, 그도 대중 도서는 그 이름으로 출판한다. 그는 아내 매기(Maggie)와 40년 넘게 결혼 생활을 해 왔으며, 아들 둘과 딸 둘을 두었다. 그는 음악, 하이킹, 골프를 좋아하며 뉴캐슬 유나이티드 축구 팀의 팬이다.

톰의 경력

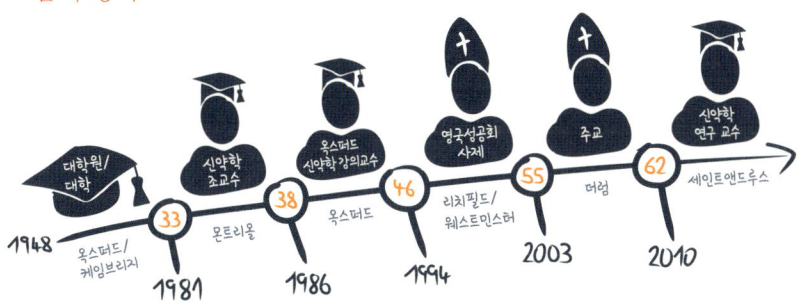

학자의 삶과 성직자의 삶.

톰은 일생을 거의 잉글랜드에서 보냈다. 학생 때 '서양 고전학'을 집중해 공부한 후, 옥스퍼드(Oxford)의 엑서터 칼리지(Exeter College)에서 그리스-로마 고전 문학을 3년간 공부해 학사 학위를 땄다. 눈치챘겠지만, 그는 이야기와 옛 시대를 좋아한다. 1971년에는 여기에 더해 2년간 신학을 공부해 두 번째 학사 학위를 땄다. 그 후 옥스퍼드에서 4년간 영국성공회 성직자 과정을 마치고 석사 학위를 땄다. 27세에 세계를 흔들 준비를 갖춘 그는…

더 공부했다. 1978년부터 1981년까지 케임브리지(Cambridge)의 다우닝 칼리지(Downing College)에서 연구원 겸 교목으로 머물며 박사 학위를 마쳤다. 그의 주된 논제는 로마서였다. 355쪽짜리 박

1장 신학계의 슈퍼스타, 톰 라이트 **19**

사 학위 논문 제목은 "메시아와 하나님의 백성: 로마서의 논의를 중심으로 한 바울 신학 연구"(The Messiah and the People of God: A Study in Pauline Theology with Particular Reference to the Argument of the Epistle to the Romans)였다.

33세에는 캐나다 몬트리올(Montreal)에서 조교수가 되었는데, 이때가 유일하게 고국을 떠나 활동한 시기였다. 그가 가르친 분야는 신약학이었다. 그는 5년간 계속 몬트리올에서 학생들에게 신약학을 가르치고 지도하다가 다시 영국으로 돌아가 7년을 보냈다.

1994년에는 교구 성직자 역할을 맡게 되어서, 먼저 리치필드(Lichfield)에서 지역 주임 사제로서 교회당과 교회 활동을 운영했다. 2000년에는 참사회 신학자로서 웨스트민스터 성당(Westminster Abbey)에 갔고, 3년 후에는 신학으로 박사 학위를 땄다. 그 후에 그는 또다시 교회에서 주교 임무를 맡게 되었다. 더럼(Durham)의 주교는 영국성공회에서 아주 존경받는 자리다. 톰은 이후 7년간 더럼 주교직을 맡았다. 이렇게 16년간 성직자와 교회 지도자 역할을 지낸 후, 그는 2010년에 다시 학계로 돌아가 스코틀랜드 세인트앤드루스(St Andrews)의 세인트메리 칼리지(St Mary's College)에서 신약학과 초기 기독교학 연구 교수가 되었다.

그는 여러 분야에 걸쳐 오랜 경력을 쌓았다. 다음은 그가 1992년에 리젠트 칼리지(Regent College)에서 한 말이다.

전 아직도 제가 교회에 속했는지 학계에 속했는지 잘 모르겠습니다. 제가 이 두 곳 모두에 속해 있으려 노력하기 때문이기도 하고, 이 두 곳 모두에 부름받았기 때문이기도 합니다.…전 신중한 역사학자로서 설교하고 기도하려고 최선을 다했습니다. 또한 신중한 설교자와 기도자로서 역사를 연구합니다. 그 결과 어떤 동료 역사학자들은 저를 근본주의자라고 부르고 어떤 동료 신자들은 저를 타협한 가짜 자유주의자라고 부릅니다.

제 경험을 돌아보면, 살아 있는 메시아의 임재와 위로를 알게 되었을 뿐 아니라 제가 씨름하고 있는 분이자 저를 절뚝거리게 만드는 이가 곧 주님의 사자였음을 발견한 때는, 제가―종종 원치 않게―비난을 받으며 기도 가운데 있던 바로 그때였습니다. 저는 제 부르심이 이 포스트 계몽주의, 포스트모더니즘 시대의 거대한 이원주의를 푸는 데 있는 것이 아니라, 세상의 아픔 속에서 저 자신만의 훈련을 통해 기도로 사는 데 있음을 거듭 확인받았습니다. 확신컨대, 명료한 문제 풀이보다 훨씬 깊은 수준에 속한 이런 방법들을 통해, 저의 훈련은 새로운 열매를 맺을 것이고 저의 교회는 아마도 새로운 방향을 찾을 것입니다. 이로써 화해와 열매가 맺어지기를 기도합니다. 가장 어두운 시절은 종종 모든 면에서 가장 생산적인 때가 되기도 했습니다.[1]

톰의 작품

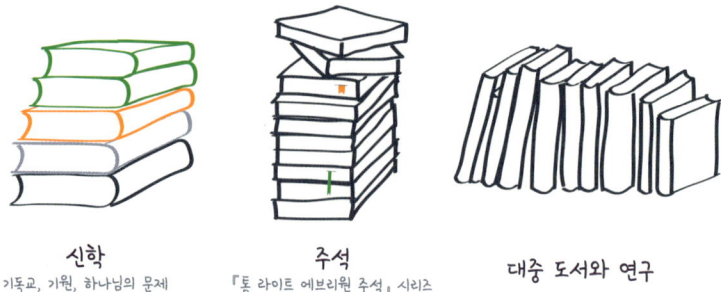

신학
기독교, 기원, 하나님의 문제

주석
『톰 라이트 에브리원 주석』 시리즈

대중 도서와 연구

톰의 책은 다양한 서가를 채운다. 그는 주로 세 분야에서 책을 출판했다.

톰은 다작하는 저술가다. 잡지, 책, 학회에 발표하기 위한 글, 인터뷰를 비롯해 그의 이름으로 나온 대중서와 학술서는 수없이 많다. 여태 그가 써 출판한 책은 50권에 달한다. 어떤 이들은 그가 '매체 친화적'이라 한다. 질문하는 수많은 사람들에게 답해 주기 때문이다. 유튜브에 들어가면 여러 가지 주제에 대한 톰의 유창한 설명을 여럿 찾아볼 수 있다.

학자로서 톰의 경력은 주로 신약신학, 그중에서도 바울과 역사에 관한 것이다. 그가 쓴 대표 시리즈는 "기독교의 기원과 하나님의 문제"로 분량이 총 6권에 달할 예정이다. 여기서 '분량'이라는 말이 중요하다. 이 연작의 책들은 각 500쪽 이상이며 제4권인 『바울과 하나님의 신실하심』(Paul and the Faithfulness of God, CH북스 역간)은 장장 1,700쪽에 이른다(한국어판 상하권은 2,300쪽이 넘는다—역주).

톰은 신약성경 주석 시리즈도 썼다. 『톰 라이트 에브리원 주석』(For Everyone, IVP 역간) 시리즈는 신약 전체를 다룬다. 그는 열여덟 권에 신약성경을 4천 단락 이상으로 구분해 각 단락 속에 일어나는 일들을 설명해 준다. 역사적 관점을 지녔으며 경건한 삶을 목적으로 한 이 글들은 읽기 쉬우면서도 넓은 범위를 다룬다.

그가 쓴 대중 도서들도 있다. 2008년에 출판된 『마침내 드러난 하나님 나라』(Surprised by Hope, IVP 역간)가 아마 가장 잘 알려진 책일 것이며, 『톰 라이트와 함께하는 기독교 여행』(Simply Christian, IVP 역간)과 『톰 라이트가 묻고 예수가 답하다』(Simply Jesus, 두란노 역간)도 유명하다. 이 책들의 주제는 당연히 예수님, 제자도, 성품, 죽음 후의 삶, 악, 시편, 의, 성경, 철학의 여러 측면에 관한 것들이다.

아! 그리고 그는 신약성경을 번역했다. 그가 번역한 성경을 미국에선 『하나님 나라 신약성경』(Kingdom New Testament, IVP 역간)이라고 부르며, 영국에선 『모든 사람을 위한 신약성경』(The New Testament for Everyone)이라고 부른다.

그를 움직이는 원동력

톰을 움직이는 원동력은 바로 예수님의 메시지에 담긴 의미를 더 잘 이해하고자 하는 탐구심이다. 그는 이에 대해 더 명확히 알고자 신약성경의 시대적 배경과 그 저자들이 기대한 것이 무엇인지 파

톰 라이트를 이끄는 힘—1세기 사람들에게
신약성경이 정말로 의미한 것은 무엇일까?

헤친다. 그가 쓴 대표 학술 도서에는 "기독교의 기원"이라는 이름이 붙었으며 이는 그가 진정한 역사학자임을 말해 준다. 그는 기독교의 기원을, 기독교가 시작된 당시의 의미를 이해하고 싶어한다. 예수님이 의도하신 것은 무엇인가? 예수님의 삶과 행동의 의의는 무엇인가? 어떻게 역사와 신학을 접목할 수 있을까?

이러한 질문들이 톰의 작품들 중심에 있다. 그리고 이는 중요하다. 이 질문들은 사람들이 가장 흔히 던지는 신학 질문들과 아주 다르다. 또한 설교자들이 가장 많이 고르는 질문도 아니다.

교회들 대부분은 "어떻게 구원받을 수 있나?"라든지, "어떻게 하나님과 관계를 맺을 수 있나?" 같은 문제들(때로는 이보다 더욱 실용적으로, 일상의 행복 따위)을 다룬다. 마르틴 루터는 "어떻게 죄인인 인간이 의로우신 하나님 앞에 설 수 있는가?"와 같이 새로운 질문을 던진 후로부터 엄청난 발상을 여럿 빚어냈다. 그 질문을 따라가다가 돌파에 도달한 것이다.

톰도 자신의 역사적 탐구를 따라가다 성경을 바라보는 새로운 두 눈을 갖게 되었다. 자신을 덜 바라보고 하나님을 더 바라보는 눈 말이다. 또한 "하나님은 그분의 세상 프로젝트를 어떻게 운영하실 것인가?"에 대해 더 많이 생각하게 되었다. 톰은 한 인터뷰에서 이 포부를 밝혔다.

저는 사람들이 "그는 신약성경을 열어 그 안에 늘 있던 것을 우리가 보도록 해 주었어. 납득되는 방식으로 전체를 이해시켜 준 것이지, 여기저기 몇몇 구절들만을 말하며 그 나머지 부분들을 흐릿하게 놔두는 방식은 아니었어"라고 생각해 주면 좋겠습니다.[2]

다른 질문과 다른 대답, 그리고 더 깊은 통찰력. 이것이 바로 우리가 이 책을 읽는 이유다. 새로운 돌파가 우리 앞에 있다. 이것은 하나님을 바라보는 관점을 바꿔 준다. 자신을 바라보는 관점을 바꿔 준다. 세상을 바라보는 관점을 바꿔 준다. 어떤 이들은 이 변화를 따라잡고 있다.

스포트라이트를 받으며

톰은 이 시대에 가장 영향력이 큰 몇몇 잡지의 표지에 등장했다.

이 모든 노력으로 톰은 다소 명성을 얻었다. 어떤 이들은 톰이 우리 시대 "가장 영향력 있는 신학자"라고 한다. 또 어떤 이들은 그가 "우리 세대의 슈퍼스타 신학자"라고 하며, C.S. 루이스나 칼 바르트, 심지어는 마르틴 루터에 견줄 만하다고 한다. 「크리스채너티 투데이」(*Christianity Today*)는 톰에 대해 이렇게 말했다. "N.T. 라이트에 대해 글을 써 달라 부탁받은 사람들은 그를 묘사하면서 최상급 표현들이 금방 바닥나는 것을 경험할 것이다. 그는 이 세대에 가장 왕성히 활동하는 성서신학자다."³

2008년과 2012년에 그는 세계에서 가장 큰 잡지인 「타임」(*Time Magazine*)에 실렸다. "기도하고 성경을 읽으라"라고 젊은 리더들에게 조언하는 신학자에게 그렇게 저명한 잡지사가 의견을 묻는 일은 흔치 않다. 「타임」은 톰을 "기독교 사상계에서 가장 어마어마한 인물 중 하나"라고 칭했다. 기사가 실린 두 차례 모두 톰의 말이 상당히 자세하게 인용되었는데, 편집자는 이렇게 말했다.

만약 천국을 우리가 아는 주요 현실로부터 떨어져 있는 천상의 지역으로 이해하지 않고 이 지상에 존재하는 하나님의 공간이라고 이해한다면, 그리스도인의 삶은 계속해서 펼쳐지는 예수님의 사역, 언젠가 이 세상을 바로잡기 위해 다시 오실 예수님의 사역의 연장이 될 것이므로, 지상에서 일어나는 일들이 우리 생각보다 훨씬 더 중요하게 여겨질 것이다.[4]

저명한 잡지에 실린 저명한 표현이다. 톰은 공적인 자리에서도 강연한다. 이는 예수님이 누구이시며 어떤 일을 하셨는지가 단지 사적이지 않다는 그의 신념과 잘 들어맞는다. 그분은 모든 것을 바꾸어 놓으셨다. 그분의 삶과 죽음과 부활은 공적 진리다.

우리 시대의 루터: 진정한 개혁가

마르틴 루터와 톰 라이트—두 진정한 개혁가들.

마르틴 루터가 독일 비텐베르크에서 95개조 반박문을 문에 못 박았을 때, 그는 전 세계를 흔들고 교회사를 바꾸었다. 루터는 성경을 읽었고, 교회를 바라보았다. 무언가 잘 맞지 않았다. 교회는 죄에 대한 용서를 돈 한두 푼에 팔며 간편히 돈궤를 채우고 있었다.

1517년, 루터는 이러한 관행들에 의문을 던졌다. 그리고 더 나아가 세계관에 도전했다. 교회의 역할은 진리를 수호하는 것이었으나, 사람들 대부분은 라틴어를 읽을 수도 이해할 수도 없었다. 신학은 전문가들에게 국한되어 있었다. 루터가 이를 바꾸기 시작했다. 그는 사람들에게 성경으로 돌아가 스스로 읽어 보라고 말했다. 그걸 가능하게 하기 위해 성경을 번역했다. 그 결과 기독교의 진행 경로에 중대한 변화가 생겼다.

그로부터 500년 후인 오늘날, 우리의 환경은 완전히 달라져 있다. 모두가 성경을 접할 수 있다. 하나님과 직접 관계 맺는 게 널리

장려된다. 그런데 성경을 읽고 우리의 교회를 바라보면, 둘이 잘 부합하는가? 톰은 그렇지 않다고 생각한다.

오늘날 설교와 주요 메시지를 들여다보면 성경의 내용과 상당히 다름을 볼 수 있다. 은혜와 칭의와 예수님에 대해 우리가 최고로 여기는 설교에도 성경 이야기의 아주 중요한 부분이 빠져 있다. 이스라엘은? 하나님 나라는? 창조는? 또 하나님이 자기 백성과 맺으신 언약과 율법은?

루터는 은혜의 메시지에 중점을 두었고, 다른 중요한 주제들은 뒤 배경에 묻혀 버렸다.

마르틴 **루터**가 제시한 뼈대를 살펴보면 전면에 나서서 중심을 차지하는 쟁점들이 있는데, 이는 모두 기본적으로 구원받는 방법에 대한 주제로서 칭의, 율법의 역할, 은혜, 믿음 등이다. 하나님과 나의 관계가 회복되었다는 것이 핵심이며, 이는 '이제부터 어떻게 살아야 하는가'의 측면에도 광범위한 결과를 낳는다.

오늘날 교회가 하는 일들을 보라. 대부분 교회들은 진지한 제자훈련을 어려워한다. 선교는 소수 교회에만 맡겨져 있고, 윤리에 대한 이야기는 관계를 분열시킬 뿐이다. 우리 시대의 뜨거운 쟁점들에 관여하면 말다툼만 하게 될 뿐이다.

내가 여기 이 땅에서 할 일 중 하나는 신약성경을 연구하고 가르치는 것이다. 그리고 신약성경을 연구하고 가르친 것들을 최대한 교회의 삶 한가운데로 가져다주는 것이다.…목회를 해 오면서, 나는 소위 성경적 그리스도인들도 실제로는 성경을 거의 이해하지 못함을 깨닫게 되었다.[5]

다시 개혁할 때다. 위대한 책으로 돌아가 그것이 말하는 바가 진정 무엇인지 찾아봐야 할 때다. 모두가 이 일을 좋아하진 않을 것이다.

성경에 나왔다고 추정되는 내용이 아니라 정말 성경에 나오는 내용을 가르쳐 주면 사람들은 대개 불편해한다.

모든 위대한 개혁가들은 항상 있었으나 간과되어 온 무언가를 조명해 준다. 어쩌면 지금이 여태껏 늘 존재해 왔지만 사람들이 완전히 이해하지 못했던 방식으로 성경 이야기를 다시금 새롭게 조합해 볼 때인 것 같다. 톰이 우리에게 무엇을 새로 알려줄지 살펴보자. 준비되었는가?

톰의 참신한 면

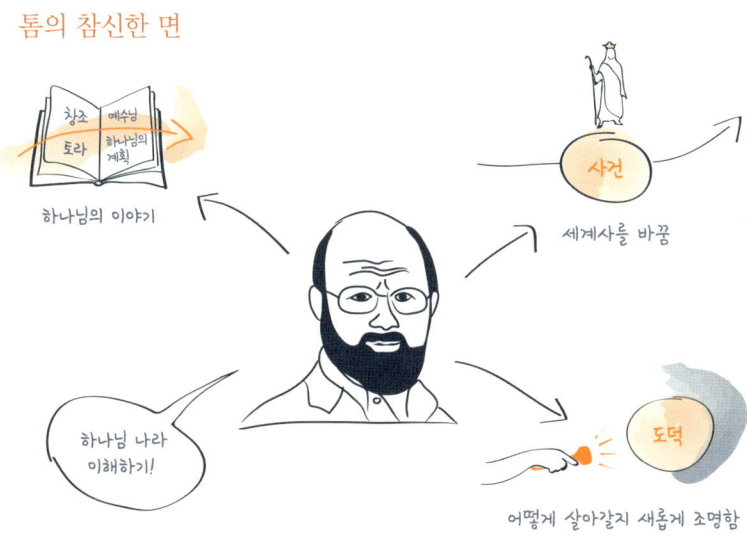

무엇이 다른가? 톰은 네 가지 핵심 기둥인 복음, 역사 속 예수님의 역할, 하나님 나라, 도덕에 대한 우리의 이해를 새롭게 해 준다.

언젠가 우리 집 거실에서 젊은 리더들 여럿과 함께 앉아서 톰의 생각들에 대해 간단히 의견을 나눈 적이 있다. 나는 톰을 루터와 비교하며 톰을 통해 우리가 새로운 것들을 알게 되었다고 말했다. 거기 있던 한 사람이 물었다. "그래서 정확히 톰이 어떤 점에서 새로운 건가요?" "톰이 다른 누구도 말하지 않는 무언가를 말했나요?"

내가 수년간 읽었던 내용을 요약하는 데 잠깐 시간이 걸렸다. 톰의 책들은 그중 어떤 것을 읽어도 아주 많은 통찰을 얻을 수 있다. 그의 뛰어난 사고를 감당하기는 꽤 버거울 수 있다. 톰은 치밀하고 철저하게 글을 쓴다. 그의 수천 장짜리 글에서 우리는 계속해서 반복되는 주제와 생각을 발견한다. 네 가지 주요 개념이 두드러지는데, 그는 그것들을 다른 이들이 거의 하지 않는 방식으로 다룬다. 이는 우리 믿음의 윤곽을 바꾼다.

1. 그는 성경 전체를 연결시키고, 이야기로 들려준다. 잠깐 생각해 보라. 영어판 구약성경은 500쪽이 넘으며 대부분 사람들은 구약에서 '인간은 죄인이다', 또는 '이스라엘과 개인의 노력은 쓸모가 없다'라는 점을 이끌어 낸다. 이렇게 분량이 많은 글들에서 고작 간단한 두 가지 생각밖에 찾지 못한다. 분명 이보다 많은 요점이 있을 것이다. 사도들이 예수님 이전에 있던 이야기와 예수님을 연결해 설명했던 것처럼 말이다. 톰은 이야기의 전반부를 더 깊이 이해해 보자고 우리를 초대한다.
2. 예수님 이야기가 '사건'이었음을 강조한다(예수님을 단순한 선택지에서 되찾아 온다). 요즘 사람들은 믿음을 '자신에게 도움이 되면' 좋은 것으로 여긴다. 많은 이들이 믿음을 삶을 대하고 그 의미를 찾는 여러 선택지들 중 하나로 여길 뿐이다. 심지어 그리스도인

들조차 영생, 용서, 의미, 용납됨과 같은 유익을 보고서 믿음에 이끌린다. 사도들은 예수님 이야기를 다르게 읽었다. 예수님이 이런 유익들을 가져오시긴 했지만 사도들은 그분을 "온 세상의 주"라 말했다. 그들은 그분을 세상의 왕으로 보았다. 복음은 뉴스, 즉 일어난 사건이었으며 모든 것을 바꾸어 놓은 것이었다. 톰은 이처럼 세상을 바꾼 주장을 재발견하고 이것을 예수님 생애의 중심에 갖다 놓는다.

3. 하나님 나라를 새롭게 조명한다(이는 새 창조다). 예수님의 핵심 메시지는 하나님 나라였다. 하지만 이를 쉽게 설명하는 사람은 거의 없다. 대부분 교회의 신앙고백에는 이 용어가 빠져 있다. 어째서일까? 톰은 하나님 나라를 예수님의 부활 때 시작된 새 창조로 이해하는 길을 열어 준다.

4. 도덕에 관한 새로운 해석을 제시한다. 그리스도인들은 공적 공간에서 도덕에 대해 견해를 밝히기 어려워한다. 어떤 견해는 너무 구시대적이거나, 너무 엄격하며, 사람들이 처한 상황들과 충분히 연관되지 못한다. 하지만 도덕이 없다면, 우리가 어떻게 살아야 하는지 안내해 준다는 기독교의 주장을 분명히 잃어버리는 셈이다. 톰은 인간이 하나님의 형상으로 창조되어 하나님의 청지기로서 살아야 한다는 창조 의도에 비추어 도덕을 이해한다. 이러한 시각은 옳고 그름의 영역 너머로 삶을 바라보게 해 주며, 타락한 세상에서 구원받은 하나님의 백성으로 살라고 요구한다.

네 가지 분야, 네 가지 주요 개념들이다. 삶, 하나님, 역사에 대한 완전히 새로운 접근이다.

그럼 모든 지침들 중 가장 중요한 성경에 대해, 그리고 우리가 성경을 읽는 방식에 대해 먼저 살펴보자.

2장

톰은 어떤 점에서 새로운가?

이야기로 보는 성경

우리는 혼합물에서 이야기를 걸러 낸다

언젠가 유튜브로 설교 한 편을 본 적이 있다. 어떤 탁월한 설교자가 예수님이 부활 후 베드로를 만나시는 이야기를 들려주었다. 예수님이 베드로에게 물고기를 잡으라 하셨는데, 갑자기 그물이 찢어질 정도로 물고기가 잡혔다. 그 후 예수님은 제자들과 아침식사를 하시고, 베드로에게 그가 그분을 얼마나 사랑하는지 물으신다. 여기서 취할 것은? 세 가지 요점이 있다.

어찌 된 일인지 우리는 늘상 이런 설교를 듣는다. 이야기는 개념으로 바뀐다. 드라마는 원칙으로 압축된다. 어떤 이는 왜 예수님이 그냥 원칙을 말씀해 주지 않으신 것인지 궁금해한다. 성경이 잘못된 형식으로 전해진 것 같은 느낌마저 든다. 톰은 성경의 형식이 성경을 읽는 법을 알려 준다는

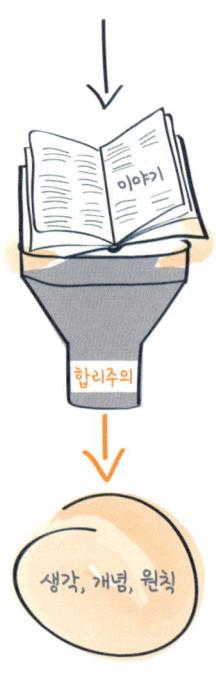

우리가 성경을 가지고 하는 일. 성경의 이야기로부터 '시간을 초월한' 무언가를 뽑아내려고 한다. 그러면 요점과 원칙들이 성경의 이야기와 드라마를 대신하게 된다.

점을 상기시킨다. 성경의 형식에 대해 톰은 이렇게 말한다.

먼저, 성경은 규칙들의 목록이 아니다. 다양한 상황에 대한 다양한 종류의 명령을 포함하고 있기는 하지만 말이다. 성경은 참된 교리들을 요약해 놓은 책도 아니다. 분명 성경 곳곳에 하나님과 예수님과 세상과 우리 자신에 대한 위대한 진리들이 분명하게 선포되어 있지만 말이다. 성경을 구성하는 내용 대부분 및 한데 합친 성경 전체는 이야기로 가장 잘 설명될 수 있다. 복잡하면서도 많이 논의되는 주제이지만, 이것을 무시함으로써 얻는 것은 아무것도 없다.[6]

성경은 이야기다! 성경 맨 앞장은 "태초에…"라고 말하고 있다. 예수님의 사건은 "때가 이르니", "그리고 그분은…", "다 이루었다…" 등등 이야기 언어로 진행된다. 예수님은 더 큰 맥락 속에서 행동하시고 사셨으며, 이 맥락과 교류하셨다. 우리는 전체에 비추어 부분을 이해한다.

우리는 종종 합리적 사고라는 필터에 성경을 집어넣어 시간을 초월하는 원칙들을 뽑아내려 한다. 하나님의 이야기 가운데로 사람들을 초대하기보다는 삶을 지배하는 원칙을 찾으려 한다. 그리고 때로 이 과정에서 우리의 성향을 따르고 만다. 하나님의 이야기를 하나님의 원칙들로 바꾸어 버리며, 복음을 비현실적 탐구나(중요한 것은 내세라고) 내면적인 것으로(중요한 것은 어떤 감정을 느끼는지라고)

바꾸어 버리는 것이다.

하나님의 이야기를 여전히 펼쳐지고 있는 이야기, 그리고 그 안에 우리가 참여하도록 부름받은 이야기로 이해할 수 있을까?

성경을 드라마로 이해하기

이것은 5막으로 구성된 연극이다. 성경은 어딘가를 향해 진행되는 이야기를 들려준다. 이제 우리는 교회 시대에 속하여 역사의 위대한 이야기에 우리의 부분을 덧붙인다.

그렇다면 우리는 성경에 어떻게 접근할 수 있을까? 성경 이야기는 우리가 먼저 전체 그림을 보도록 하고, 그 후 작은 조각들을 이 큰 그림에 끼워 맞추도록 해 준다. 톰은 성경을 다섯 막짜리 연극으로 보라고 제안한다. 성경은 먼저 창조(제1막)로 시작한다. 하나님이 그분의 선하심을 표현하시고, 교제하실 상대로서 그리고 창조 세계의 청지기로서 그분의 형상을 나타내는 인간을 만드신다. 그리고 타락(제2막)이 나온다. 인간이 하나님과 멀어지고 인간들끼리도 멀어진다. 하나님은 아브라함을 선택하시고 그분을 위한 민족, 그분에게 신실하게 순종하는 백성을 만들기 위해 이스라엘과 언약 관계(제3막)에 들어가신다. 예수님은 이러한 기대에 부응하시고(제4막) 현세 한가운데서 하나님의 새 시대를 시작하신다. 이제 우리는 교회 시대(제5막)에 살고 있으며 최후의 완성을 위해 일하며 기다리고 있다. 마침내 하늘과 땅이 서로 연합되는 때에는 더 많은 막이 이어질 것이다.

성경의 주된 드라마를 이해하면 그 안에서 우리의 위치를 찾고, 현재 무슨 일이 일어나고 있는지 해석할 수 있다. 곡의 한 부분을 즉흥적으로 연주해야 하는 연주자가 곡을 이해하듯이 우리도 드라마 전체와 앞서 진행된 이야기의 구조를 이해해야 한다. 그러면 자유롭게 이 드라마를 현 시대와 상황에 맞게 적용하면서도 이 드라마에 충실할 수 있게 된다.

우리는 마지막 무대를 살고 있다. 이 무대는 오순절에 성령이 임하시고, 교회가 탄생함으로써 시작되었다. 이곳이 결말을 향한 여정 가운데 우리의 자리다. 우리는 "아버지의 나라가 오게 하시고, 하늘에서처럼 땅에서도 아버지의 뜻이 이루어지게 하소서"라고 하신 예수님의 기도를 갖고 살아간다.

왜 아브라함인가

선한 창조
창세기 1-2장

인간의 타락과 교만
창세기 3-11장

아브라함/
하나님의 문제 해결 시작
창세기 12장

하나님의 계획과 잇닿은 메시아

성경은 이렇게 짜여 있다. 선한 창조가 엉망진창이 된다. 그 후 하나님이 아브라함을 부르시며 세상의 죄를 정리하기 시작하신다. 혼란스런 세상에 대한 하나님의 해결책은 아브라함을 택하신 데서 출발한다.

너무도 많은 사람들이 중간 단계인 제3막, 이스라엘 이야기를 그냥 넘어간다. 구약성경은 어째서 그리 긴 이야기인가? 구약성경의 요점은 단지 이스라엘이 죄 많고 세속적이라는 것인가?

톰은 이 이야기를 더 잘 연결하는 방법을 우리에게 선물한다. 5막짜리 모형을 한번 만들어 보자. 먼저 선한 창조주 하나님으로부터 시작한다. 하나님은 그분의 즐거움을 위해, 그리고 인간과 공유하시기 위해 세상을 만드신다. 이것이 제1막이다. 이어서, 인간이 제멋대로 행한다. 제2막은 큰 문제와 함께 끝난다. 관계는 엉망이 되고 거리는 더 멀어진다. 궤도를 이탈한 세상을 하나님은 어떻게 다루실까? 어떻게든 하나님은 세상을 구원하셔야 한다.

잠깐 여기서 멈춰 보자. 사실 이 질문은 엄청 중요하다. 이야기는 퀘스트(quest)를 중심으로 전개된다. 성경 서사의 퀘스트는 바로 그것, 하나님이 그분의 세상 프로젝트를 어떻게 구해 내실 것인가다(이는 "우리는 어떻게 천국에 가는가?" 같은 질문들과는 무척 다르다. 이 질문의 답과 우리가 찾는 것은 완전히 다르다).

세상을 구원하시기 위한 하나님의 계획은 아브라함으로부터 시작되었다. 창세기 12장에서 우리는 해결책을 시작하시는 하나님을 본다. 아브라함과 맺으신 언약은 세상을 구출하는 하나님의 작전에 시동을 건다. 이 언약은 미래를 가리켰다. 하나님이 상속을 약속하신 것은 곧 땅이 그분의 유업으로 충만하게 될 것임을 뜻했다. 신명기 27장이 이 언약을 설명한다. 하나님께 순종하면 복을 받고 세상은 빛을 보게 될 것이지만, 불순종하면 포로로 잡혀가기까지 저주를 받을 것이다.

창세기 12장에 하나님이 아브라함을 부르시는 데서 시작하는 이 이야기는, "땅에 사는 모든 민족이 너로 말미암아 복을 받을 것"이라는 약속을 표어로 삼는다(3절). 이 주제는 구약성경 곳곳에서 이런저런 방식으로 지속된다.[7]

구출 작전이 시작되었다. 엉망이 된 세상을 손보실 것이다.
하지만 많은 이들의 생각과 달리 아브라함 프로젝트는 성공하지 못했다. 그 뒤에는 더 기이하고 어두운 목적이 자리 잡고 있었다.

거래하기

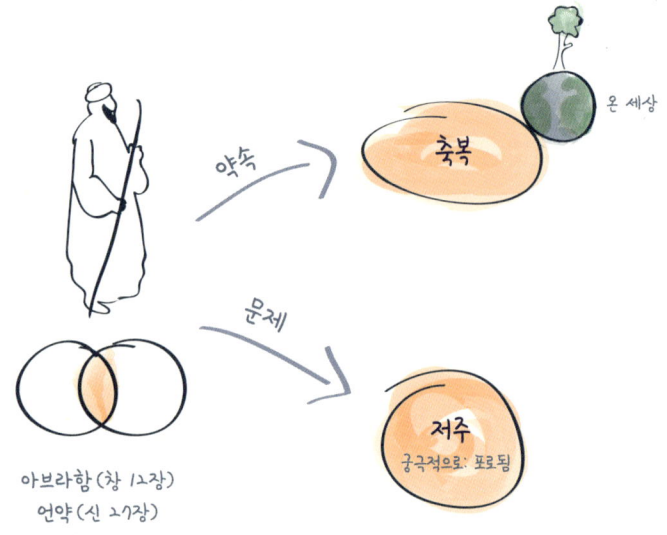

아브라함 프로젝트: 악을 억누르고 세상에 복을 줄 한 사람을 부른다. 만약 그가 약속대로 행하면 온 세상이 복을 받을 것이다. 그가 약속에 신실하지 못하면 그의 자손들에게 저주가 내릴 것이다.

하나님은 아브라함과 언약을 맺으셨다. 하나님은 어떤 목적을 위해 아브라함을 선출하셨다. 그 언약의 내용은 이랬다. 하나님은 아브라함과 그의 자손들에게 신실하실 것이며 그들은 하나님의 백성이 될 것이다. 그들은 토라에 잘 명시된 하나님의 명령을 지켜야 하며, 그렇게 하면 세상의 빛으로서 빛날 것이다. 만약 그들이 신실하지 못하면 저주를 받고 결국엔 포로로 끌려가게 될 것이다.

원래의 창조 계획, 곧 세상을 하나님의 영광으로 채우는 계획은 그대로였다. 하나님은 이를 이루시기 위해 아브라함을 부르시고 언약을 맺으셨다.

하지만 아브라함과 그 자손은 나쁜 길을 택했다. 그들은 신실함에 머물지 못했다. 죄는 그들의 뼛속까지 퍼져 있었다. 그들은 자신의 목적을 이룰 수 없었다. 포로로 잡혀가게 되었다. 하나님은 이제 어떻게 반응하실까?

약속이 성취됨

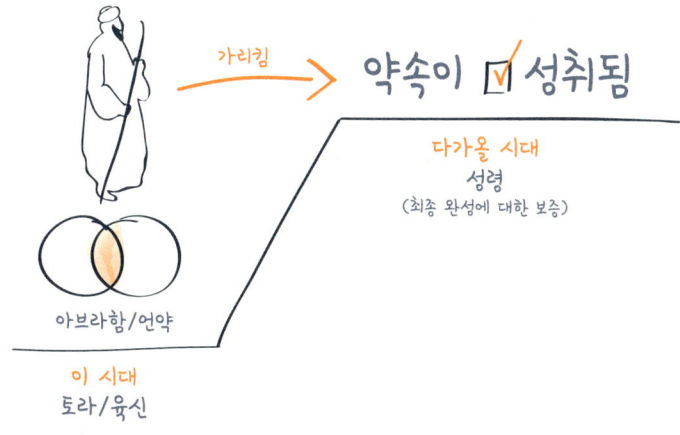

메시아가 새 시대를 연다. 아브라함은 약속과 토라의 시대를 나타낸다. 예수님 안에서 성령의 시대, 성취의 때가 도래했다. 약속된 일이 마침내 일어났다.

하나님의 반응은 해결책을 제시하시는 것이었다. 예수님이 무대에 등장하셔서 언약의 의도를 성취하셨다. 그런데 어찌된 일인지 유대인들은 이에 전혀 준비되어 있지 않았다. 물론 그들은 '주의 날'을 기다리고 있었다. 그리고 스스로 아무리 많은 공로를 쌓는다 해도 세상이 바로잡힐 수 없음을 잘 알고 있었다. 그 프로젝트는 언제나 소망하며 기다려야 하는 것이었다.

유대인들이 특히 혼란스러워한 부분은 하나님이 이 새 시대의 도래를 바로 옛 시대 안에서 이루셨다는 점이다. 모든 사람은 세상이 완전히 고쳐지리라 생각했다. 여기서 핵심 개념은 '완전히'다. 일부 문제만 해결되고 그 외에 (로마인들처럼) 남아 있는 악은 해결되지 않은 채 지속된다는 것은 유대인들이 받아들이기 힘든 생각이었다.

그렇지만 성경은 분명히 말한다. 하나님은 행동하셨다. 예수님은 이사야서에 암시된 종의 모습으로 오셨다. 이스라엘의 운명을 자기 몸에 짊어질 인간의 모습으로 말이다. 이야기를 직접 진행시키기 위해 하나님이 이 땅에 오셨다. 그리고 그분은 이를 완전하게 행하셨다. 예수님은 십자가에 달리시고서 "다 이루었다"라고 말씀하셨다. 이 말씀을 제대로 이해하려면 이야기가 어떻게 전개되어 십자가에 이르게 되었는지 알아야 한다. 톰은 이렇게 말한다.

현대 기독교에서 성취 개념을 이해할 때, 저 옛날에 있던 예측과 예언이나 이런저런 모형들이 껑충 뛰어서 예수님께 도달한다고 생각하는 경향이 많다. 하지만 그 사이에는 역사적 연속성이 없다. 내가 강조하고 싶은 요점은, 복음서를 예수님의 이야기가 이스라엘의 이야기를 절정으로 이끌어 가는 내용으로 읽는 데 익숙해져야 한다는 점이다.

그것이 연속성의 의미이자 이 놀랄 만큼 새로운 일의 의미다.⁸

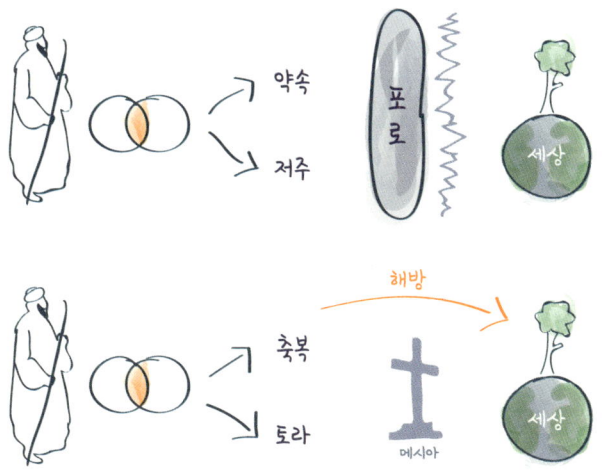

예수님은 아브라함과 이렇게 연결되신다: 세상에 복을 가져다주도록 아브라함이 선택받았다. 하지만 아브라함과 그 자손은 이 부르심에 신실하지 못했으므로 포로로 끌려갔으며, 복의 통로도 막히게 되었다. 예수님은 아브라함이 받은 부르심을 성취하셨고 세상으로 축복이 흘러가게 되었다.

예수님은 아브라함 및 이스라엘과 연결되신다. 퀘스트는 동일하다. 하나님이 세상을 어떻게 다루시는가? 세상이 지닌 문제의 핵심에 접근하여 그분의 방식으로 그 문제를 해결하신다. 그 해결책으로 예수님이 세상에 오셨고, 십자가에서 죄와 죄의 능력을 소멸시키셨다.

이야기가 일단락되었다. 약속이 성취되었다. 하나님이 이루셨다. 마침내 세상은 하나님으로 충만해질 준비가 되었다. 마침내 온 세상과 사람들이 제자리로 돌아왔다. 이 이야기의 퀘스트는 결코 일부 사람들이 다른 차원에 존재하는 지복에 이르도록 허락하는 게 아니었다. 이 퀘스트는 언제까지나 잘못된 것을 바로잡는 일에 대한 것이었다.

그리고 이것이 바로 아브라함의 이야기를 추적하여 우리가 이르는 지점이다. 세상이 새로워진다. 다만 이 성취가 단번에 이루어지지 않고 단계적으로 실현된다는 것은 놀라운 부분이다. 세금과 무능한 정치가들과 피와 땀과 눈물이 있는 나라들의 현실 속에 하나님 나라가 임한다는 것은 여전히 사람들을 깜짝 놀라게 만든다.

무덤에서 나오신 예수님, 옛 창조 세계의 한가운데서 하나님의 새 창조를 개시하시는 그런 예수님을 세상은 감당하지 못한다.[9]

이는 엄청난 소식이다! 놀라운 소식이다. 이 메시지는 우리의 문화와 세상 속에 크게 울려 퍼진다.

이 물질세계 가운데 예수님이 일으키신 변화들이 정말로 우리에게 도전하는 것은 어쩌면 그 변화가 개인적 차원과 정치적 차원 모두에서 지닌 의미일 것이다. 만약 그 의미가 하늘에서처럼 땅에서도 하나님이 왕이 되시는 데 있다면, 그분은 호수의 폭풍에서 멈추지 않으실 것이다. 이보다 더 큰 과업이 남아 있기 때문이다.[10]

이야기가 어떻게 마무리될 것인가

세상으로부터 구원받음
영지주의자의 관점

세상을 위해 창조됨
유대인의 관점

영지주의자들은 세상을 나쁜 것으로 보았고, 따라서 우리가 세상으로부터 구원받는다고 생각했다. 하지만 유대인의 관점은 다르다.

우리는 이제 이 드라마의 결말을 더 명확히 볼 준비가 되었다. 이 드라마가 어떻게 끝나는지 이해할 수 있다. 성경의 퀘스트는 하나님의 의도를 바로 세우는 것이었다. 성경에서 우리는 세상을 창조하신 하나님을 발견한다. 자기 창조물에 관여하시는 하나님을 만난다. 사랑과 보살핌으로 자신의 세상을 채우기 원하시는 하나님을 알게 된다. 또한 구원하시고 새롭게 하시는 하나님을 목격한다.

지난 수세기 동안 우리는 천국을 이 세상으로부터 도피해 가는 곳으로 생각해 왔다. 우리는 복음을 어떤 '영적 일정표'라 생각하며 이 세상 밖 다른 장소로 떠날 계획을 세워 왔다. 이러한 생각은 복음서보다 영지주의에 더 가깝다. 고대 학풍 중 하나인 영지주의를 추구한 자들은 창조는 별로 중요하지 않은 것이며, 육체는 나쁜 것이고, 인간의 목적이 육신과 시간과 물질과 같이 더 낮은 세상으로부터 탈출하기 위해 '숨겨진 지식'을 깨닫는 것이라 생각했다.

성경은 이야기의 최종 단계를 암시한다. 로마서 8장은 창조물이 썩어 없어짐으로부터 자유롭게 될 것이라 말한다. 고린도전서 15장은 사망이 극복될 것이라 이야기한다. 요한계시록 21장과 22장은 새로워진 땅과 그 가운데 임할 하늘의 예루살렘에 대해 말한다. 성경에는 우리가 살고 있는 이 세상이 새롭게 될 것이라는 단서가 있다. 시간과 공간이 없어진다는 것이 성경이 말하는 개념이 아니라면 어떻겠는가? 바로 이 세상에 하나님의 나라가 임하는 것으로 이야기가 전개된다면 어떻겠는가?

하나님이 세상을 선하게 만드셨다는 창조 이야기는 이 세상이 버전 1.0이 아니라는 믿음으로, 나중에 하나님이 더 좋은 것을 생각해 내시면 폐기될 베타 버전이 아니라는 믿음으로 우리를 이끈다. 하나님은 첫 창조를 훌륭하게 여기시고 승인 도장까지 찍으셨다. 우리가 잊어버린 완전한 요점은 창조 세계에 대해 하나님이 신실하시다는 사실이다.

유대인들의 이런 관점은 주변 이방인들의 사상과 달랐다.···그리스나 로마의 문헌에는 이사야서나 시편에 나오는 것(사 11:1-9; 시 98:7-9)

과 조금이라도 비슷한 내용이 전혀 없다.…인간의 불의나 '자연'의 폭력으로부터 자유로운 세상, 바다와 산이 스스로 새로운 완성을 기뻐하는 세상, 모든 것이 마침내 제자리를 찾았음에 모든 사람들이 환호하는 그런 세상.…이는 단순히 세상 너머에 대한 소망이 아니다. 바로 세상에 대한 소망이다.[11]

예수님 안에 일어난 사건

우리는 복음을 어떻게 오해했는가

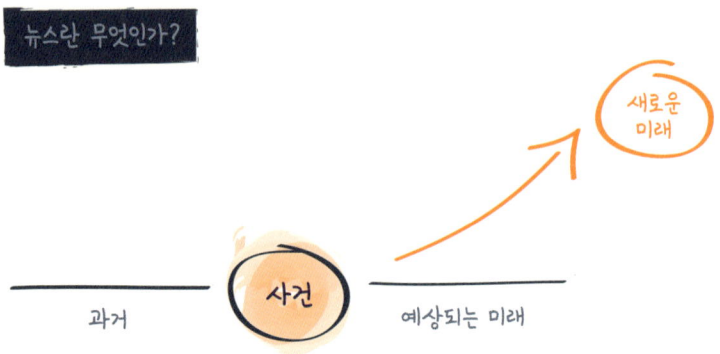

뉴스가 작용하는 방식: 삶이 흘러간다, 어떤 일이 일어난다, 그 일이 삶의 방향을 바꾼다.

톰의 책을 펼쳐 보면 대개 매우 극단적인 주장을 마주치게 된다. "우리는 복음을 제대로 이해하지 못했다"라는 말은 실로 대담한 주장이다. 복음은 우리 신앙의 근간이자 중심이지 않은가? 그런데 우리가 이 복음을 이해하지 못했다고? 어떻게?

『이것이 복음이다』(Simply Good News, IVP 역간)에서 톰은 이렇게 말한다. "여러 교회들을 살펴보면 복음이 좋은 충고로 미묘하게 변해 있다. '이렇게 살아야 합니다. 이렇게 기도하세요.…이렇게 해야 죽음 후 일어날 일에 대비할 수 있습니다.…여러분은 지옥에 가지 않을 것입니다. 여러분은 천국에 갈 것입니다. 이렇게 하시면 됩니다.' 이런 말들은 충고일 뿐, 뉴스가 아니다."[12]

뉴스란 어떤 일의 진로를 바꾸는 사건이다. 예를 들자면, 한 친구가 의학적으로 심각한 상태에 처했다. 의사를 만난 후, 가장 최근에 받은 검진에 따르면 그가 이제 건강하다는 말에 그의 마음은 기쁨으로 가득해진다. 어떤 일이 발생했고(의사에게서 완치를 확진받음), 그것이 삶의 경로를 바꾸는 것이다(아프지 않고 건강함, 그로써 새로운 관점을 얻음).

고대에 복음은 통치자가 바뀌었다는 공적 선언이었다. 좋은 소식(the good news)이란 아무개가 황제가 되었으며 따라서 삶이 더 나아질 것이라는 뉴스였다. 복음은 어떤 사건이 발생했다는 공적 진술이었다.

도로에 늘어선 교회들을 살펴볼 때 우리는 축소된 복음을 발견한다. 설교자들은 사람들에게 영적 선택지들을 제공한다. 하나님과 함께하는 삶이 그리하지 않는 삶보다 얼마나 나은지, 어떻게 하면 지옥을 피할 수 있는지, 삶의 이런저런 영역에서 어떻게 살아야 하는지 말이다.

예수님과 그분의 부활 사건, 그것은 첫 신자들에게 뉴스였다. 그것은 이스라엘의 운명을 바꿨다. 모든 것이 갑자기 달라졌다. 그것은 세상의 운명을 바꿨다. 개개인의 운명을 바꿨다. 무언가 근본적으로 달라졌다. 주권이 하나님께 있었다. 카이사르에게는 없었다. 이 진술, 지중해 국가들을 전에 없던 방식으로 변화시켜 버린 이 대중의 믿음은 온 세계로 퍼져 나갔다.

개인적 종교에서 사적 종교로

긴장 속에 있는 세계관

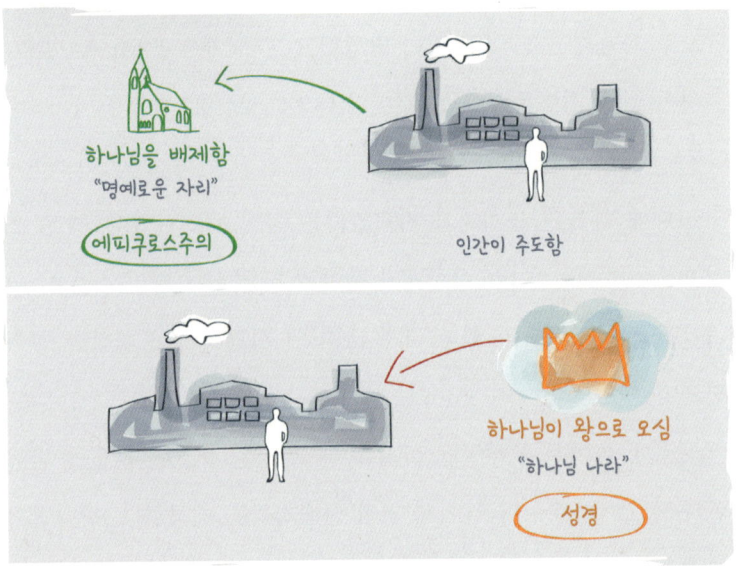

세상을 바라보는 방식에 있는 긴장. 우리 사회는 모든 일을 주도하며 하나님을 그림에서 배제하기를 좋아한다. 교회에게 명예로운 자리를 주면서도 국가와 교회를 분명하게 분리시킨다. 예수님은 다른 생각을 갖고 계셨다. 그분은 왕으로 오셨다.

오늘날 우리는 "도움이 되는 한 신앙은 좋은 것"이라는 말을 항상 듣는다. 마치 예수님이 고단한 삶을 극복할 비결이라도 되는 것처럼 말이다. 이런 말의 이면에 깔린 생각이 어디에서 왔는지는 쉽게 파악할 수 있다. 종교가 이리도 많은데 그중 어떤 것이 옳은지 어떻게 아느냐는 것, 왜 누군가에게 종교를 강요하느냐는 것, 모두들 관용을 품고 저마다 자신의 방식을 선택하도록 두라는 것이다.

그래, 정당한 말이다. 우리는 서로 취향을 존중해야 하며 자신의 의견을 상대방에게 강요해선 안 된다. 좋다. 이는 내면의 발견을 중시하고 절대적인 것은 없다고 하는 현대의 세계관과 잘 맞는다. 어쩌면 그래서 예수님을 하나의 선택지로 받아들이기가 예수님 사건을 받아들이기보다 쉬운 것일지 모른다.

톰은 교회가 이것에 넘어갔다고 말한다. 기독교는 마음의 종교에서 '자기 일에만 신경 쓰는' 종교가 되었다. 개인적 종교는 사적 종교가 되어 버렸다. 하나님은 교회를 통해서, 또 이곳저곳에서 몇 번 언급되는 일을 통해 사회에서 명예로운 지위를 누리실지 모른다. 하지만 온갖 실제적 목표들과 관련해서 하나님은 우리의 현대적 삶에 초대되지 않으시며, 인간이 모든 것을 이끄는 주체가 되었다.

이런 생각을 품은 것은 우리가 처음이 아니다. 고대 그리스인들도 하늘과 땅의 '분리'라는 개념을 생각해 냈다. 철학자 에피쿠로스(Epicurus)는 그리스도가 오시기 350년 전에 살았고, 삶 속에 크게 부각되는 신에 대한 온갖 개념들에 짜증이 났다. 그래서 이런 혁신을 생각해 냈다. '신들은 하늘의 일을 처리하도록 두고, 우리 인간들이 세상을 주관하면 어떨까?' 톰은 이것이 "하나님을 위층으로 쫓아내는 것"이라 말한다. 즉, "하나님은 건물 꼭대기에 사시고 우리는 아래층에 사는데, 오래전에 층계는 무너지고 엘리베이터는 고장이 났다는 것"이다.[13] 사람들은 18세기에 계몽주의와 진화론과 함께 이 개념을 다시 받아들였다. 하나님은 위층에서 '영적인' 일을 관할하시고, 여기 아래 세상은 어떤 미신이나 광신적인 것에 얽이지 않고 자연법에 맡기는 편이 가장 좋다고 말이다.

성경은 예수님 안에서 하나님이 왕이 되셨다고 선포한다. 그분이 모든 일을 주관하기 시작하셨다. 예수님 사건은 곧 우리에게 새로운 대장이 생겼음을 의미한다. "새로운 상황이 펼쳐졌다. 아무도 닫을 수 없는 문이 열렸다. 예수님은 이제 세계의 적법한 주님이시며, 다른 모든 주들은 그분의 발 앞에 엎드리게 될 것이다."[14]

하나님이 역사 속에 도래하시다

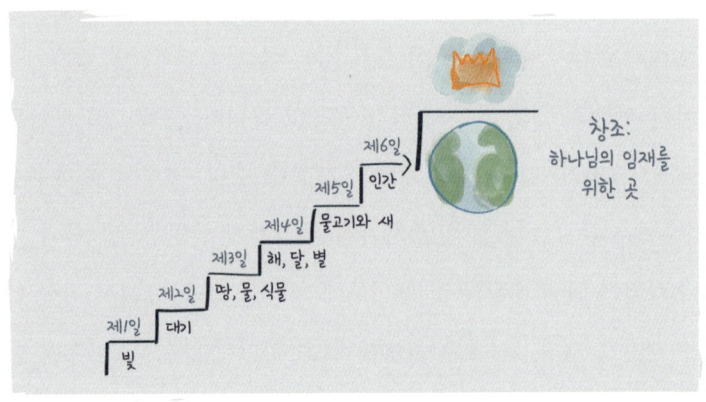

임마누엘―하나님이 우리와 함께 계신다. 창조 때에는 하나님이 사람들 가운데 거하심으로써 그리하셨다. 언약궤를 통해서도 그리하셨다. 그리고 그것이 예수님이 주장하신 바다. 하나님이 그분의 백성들 가운데 거하기 위해 오셨다.

성경에 흐르는 또 다른 모티프를 살펴보자. 바로 하나님의 임재다. 우리는 창조에서, 그다음엔 출애굽에서, 언약궤에서, 성전에서 하나

언약궤

예수님의 모습으로 왕이 백성들에게 오시다

님의 임재를 찾아볼 수 있다. 톰은 이 모티프로 창조를 이야기한다.

원래 창조 이야기에서 하나님은 그분이 거하실 곳을 만드시는 분이다. 고대 근동 세계를 이해하는 사람들에게 창조의 여섯 '날' 또는 '단계'는 하늘과 땅을 모두 포함해 창조 자체가 일종의 성전이며 하나님이 거하시는 장소임을 알려 준다.[15]

자기 백성들과 함께 살아가시는 하나님. 그분이 백성들 가운데 계심. 이것이 바로 성경이 말하는 샬롬(shalom)이다. 성경은 요한계시록 21-22장에서 이런 어조로 끝난다. '임마누엘'이 이 관점을 인류 역사 속에 들여온다.

초창기 기독교 자료들은 모두 새롭고 낯선 현실을 가리켰다. 즉, 이스라엘의 하나님이 예수님을 통해 임하셨고, 인간이 되셨으며, 자기 백성들 가운데 지내고자 오셨고, 그분의 나라를 세우셨으며, 끔찍한 역경을 전부 자기 몸에 짊어지셨고, 오랫동안 기다리셨던 새로운 세상

2장 톰은 어떤 점에서 새로운가? 55

을 도래시키셨다는 것이다.[16]

이는 역사의 전환점을 보여 준다. 예수님이 오신 순간부터 모든 것이 달라졌다. 하나님이 자신의 백성과 함께 거하셨다. 이야기가 바뀌었다. 역사가 다른 방향으로 흘러갔다. 하나님의 임재가 막연한 내면의 느낌이나 개인적으로 중요한 사건 이상의 의미로 찾아왔다. 하나님이 자기 백성과 함께하신다. 주의 날이 도래했다. 새 아침이 밝았다. 성령이 공동체 가운데 거하신다. 이는 참으로 모든 것을 바꿔 버린다.

부활절은 이 세상에 대해 말한다

부활절마다 수백만 그리스도인들은 예수님의 부활을 기뻐한다. 우리는 '새날'을 기념한다. 이 순간에는 언제나 완성된 느낌이 있다. 톰은 1세기에 부활절에 대해 나타난 반응을 흥미롭게 관찰했다.

우리가 부르는 수많은 부활절 찬양과 부활절 설교에도 불구하고, 복음서에 나오는 부활 이야기는 단 한 번도 '예수님이 살아나셨으니 우리의 죽음 뒤에도 삶이 있다' 같은 내용을 말하지 않는다. '예수님이 살아나셨으니 우리도 죽으면 천국에 갈 것이다' 같은 내용은 물론이고 말이다.…그런 말은 없다. 이 사건을 해석하는 한 부활절은 '이 세

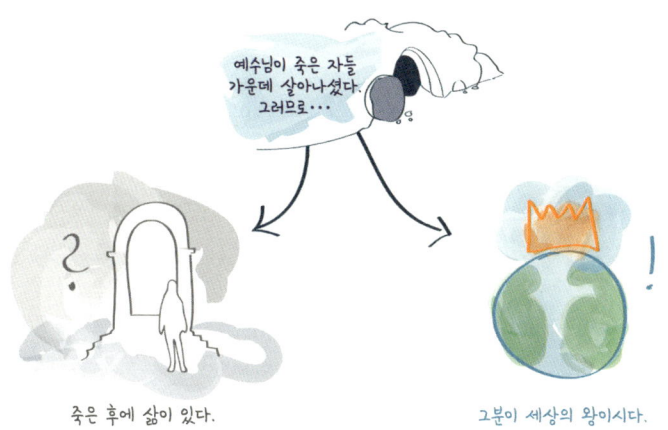

죽은 후에 삶이 있다.   그분이 세상의 왕이시다.

부활절이 전하는 메시지는 어느 것인가? '예수님이 살아나셨으므로, 우리에게도 죽음 뒤에 삶이 있다'인가? 아니면 '예수님이 살아나셨으므로, 그분이 세상의 주님이시다'인가?

상'과 '이 시대'의 메시지를 담고 있다. 즉 예수님이 살아나셨으니 그분이야말로 메시아이시며, 진정한 세상의 주님이시다. 예수님이 살아나셨으니 하나님의 새 창조가 시작되었으며, 그분을 따르는 우리에겐 해야 할 일이 있다! 예수님이 살아나셨으니 우리는 그분의 소식을 전하는 자로서, 그분의 주되심을 온 세상에 선포하며 그분의 나라가 하늘에서와 같이 이 땅에도 임하게 하는 삶을 살아야 한다![17]

예수님의 부활은 뉴스였다. 그때도 뉴스라는 것이 있었다면 말이다. 그 일이 일어났다. 그리고 그 진술과 사실은 온갖 종류의 결과를 촉발했다. 이는 특히 하나님이 마침내 그분의 약속을 성취하고 계신다는 뜻이었다.

성경의 이야기 구조를 떠올려 보자. 우리는 성경 이야기의 제5막인 교회 시대에 살고 있으며, 이 이야기 속에서 능동적 역할을 맡도록 초대받았다. 실제 연극에서와 같이, 우리는 즉흥 연기를 하며 이 이야기를 만들어 나갈 수 있다. 하나님의 형식과 목적 전체에 신실하고 진실되게 우리의 배역을 수행하려면, 이 극의 앞부분을 잘 이해해야 한다. "성경 본문이 우선적이며 권위 있는 자료이지만('연기자들'은 이 극의 줄거리와 인물의 변화 등을 존중해야 한다), 성경에 신실하고자 한다면 성경 너머로 나아가야 한다."[18] 그러면 우리의 연기가 이 이야기를 마지막 장면들로 이끌어 간다. 실로 우리에겐 사명이 있다. 하나님이 일하신다. 그리고 그분은 우리도 그 일에 참여하도록 초청하셨다.

하나님 나라의 의미

톰 이전의 이해

예수님의 주요 메시지: 하나님 나라. 이것이 예수님이 전하신 메시지, 예수님의 의제였다.

예수님은 하나님 나라에 대해 말씀하셨다. 그분이 선포하고 가르치신 내용의 가장 중심에 그것이 있었다. 마가복음 1장을 보면, 예수님은 이 메시지와 함께 나타나셨다. 그분은 "때가 찼다!"라고 말씀하셨다. 또 "하나님의 나라가 오고 있다! 돌이켜서 좋은 소식을 믿어라!"라고 말씀하셨다. 그리고 모든 기회를 사용해 하나님 나라의 섭리를 설명하셨다.

많은 그리스도인들이 하나님 나라를 간결하고 쉽게 설명할 줄 모른다는 사실은 얼마나 이상한 일인가. 이는 지난 40년 사이 조금 개선됐다. 풀러 신학교(Fuller Theological Seminary)의 신학자 조지 엘던 래드(George Eldon Ladd)가 이 일에 중심 역할을 했다. 그는

『하나님 나라』(The Presence of the Future, CH북스 역간)라는 책에서 예수님을 통해 미래가 현재로 들어왔다고 설명했다. 이 개념은 **지금 그리고 아직은 아닌**(the now and the not yet)이라는 유명한 표현이 되었다. 우리는 미래가 침범해 오는 때를 살고 있지만, 또한 만물이 최종 완성될 때를 기다린다. 전문용어로는 **시작된 종말**(inaugurated eschatology, 'inauguration'은 새 시기의 출발을 표명하는 행사, 'eschatology'는 역사의 마지막 사건들)이다. 이 개념은 우리가 이미 하나님의 통치에 참여하고 있지만 아직 모든 것의 최종 마무리를 기다리고 있다는 의미다. 지금 그리고 아직은 아니다.

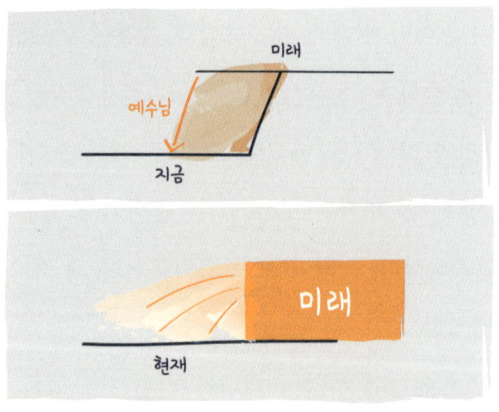

'지금 그리고 아직은 아닌' 것으로 하나님 나라 이해하기: 하나님은 장차 올 시대를 우리의 때(지금)에 맛볼 수 있게 하셨다. 하지만 모든 곳에서 그렇지는 않다. 완성을 기다려야 한다(아직은 아닌).

이 개념은 존 윔버(John Wimber)와 빈야드 운동(the Vineyard)이

사용하면서 널리 퍼지게 되었다. 이들은 래드의 발상을 기반으로 하나님 나라의 의미를 정리했다. 하나님 나라는 (1) 하나님이 통치하시는 권위와 권리이며 (2) 하나님이 그분의 권위를 행사하시는 영역이다. 하나님 나라는 현재 들어와 있는 영역으로, 우리가 하나님을 경험할 수 있는 곳을 뜻한다. 빈야드 운동은 하나님 나라가 기적, 하나님의 임재, 가난한 자들을 위한 사역 등등을 의미한다고 보았다.

영적 완전함이 이 세상의 일상에 임한다는 이해는 벧엘(Bethel), 빈야드 운동 등 여러 은사주의 단체들의 동력이 되었다. 이들 대부분은 래드의 개념을 중심에 둔다. 이것이야말로 하나님 나라 이해였다. 톰이 등장하기 전까진 말이다.

톰은 하나님 나라 개념을 보다 넓은 의미로 채운다. 더 깊이, 더 근본적으로 나아간다. 또한 더욱 많은 성경 본문을 포괄한다. 그리고 우리가 지금까지 알아 왔던 것보다 더 놀랍고 충격적인 이해를 제공한다.

기대: 귀향

자, 다시 한번 그리스도 이전 시대로 돌아가 보자. 성경이 말하는 약속과 이스라엘의 소망에 대한 답을 얻기 위해선 거기서부터 시작해야 한다. 유대인들은 하나님이 모든 것을 지으셨으며 이렇게 지

유일하신 하나님

유일하신 창조주 하나님. 유대인들은 이렇게 믿었다. 이 땅은 선하며 그분을 위해 만들어졌다. 이러한 믿음은 다른 신들과 하나님의 제한적 능력에 대한 온갖 상대주의적 주장들을 무효하게 만든다.

으신 세상을 애정과 돌봄으로 채우고자 하셨다는 기본 믿음을 붙들었다. 아담과 하와에게 주신 명령은 "생육하고 번성하라"였다. 이 명령은 노아, 아브라함, 야곱, 모세, 이스라엘 백성, 솔로몬에게도 반복되었다. 하나님은 정말로 이 땅을 자기 백성들로 채우고 싶으셨던 것 같다.

하나님은 그분의 창조 세계를 사랑하신다. 그분은 창조 세계를 돌보신다. 하나님이 지으신 작품을 보고 있노라면 응당 그분을 찬양하게 된다. 유대인들은 창조 신앙에 푹 빠져 있었다. 이들에게 창조 세계는 중요했는데, 거기서 하나님의 영광과 돌보심을 발견할 수 있기 때문이었다. 하지만 모든 것이 언제나 조화롭게 풀리지는 않았다. 창조도, 언약으로 부르신 것도 모두 이 세상에서 상속받을 유산을 가리킨다. 족장들은 선한 창조 세계 가운데 좋은 땅을 약속받았다.

앞에서 살펴본 것처럼 언약은 그들의 생각대로 진행되지 않았다. 이스라엘은 신실하지 못했기에 결국 포로로 끌려가게 되었다. 하지만 이는 분명 한 시기에 국한된 일이었다. 이야기의 결말은 달랐다. '주의 날'은 이스라엘의 여전한 소망이었다. 언젠가 하나님이 나서서 포로 생활을 끝내 주시리라고 말이다.

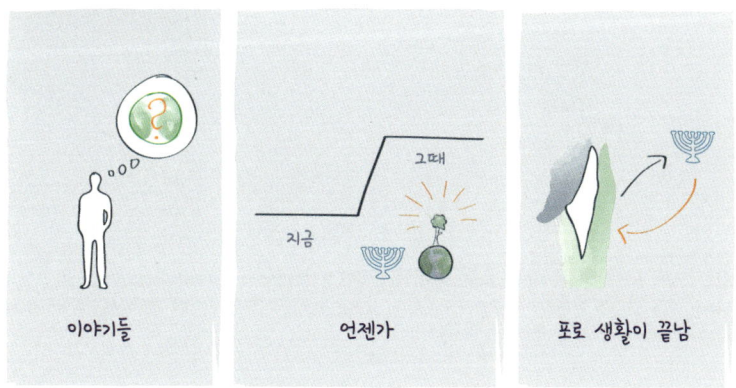

이스라엘의 이야기: 이들은 부르심을 받았지만 무언가를 기다렸다. 언젠가 하나님이 오셔서 약속하신 복을 내려 주실 것이라 믿었다. 언젠가는 포로 생활이 끝날 것이다. 언젠가는 약속이 성취될 것이다.

예언자들은 이 땅과 거기 속한 나라가 복을 받을 것이라고 예언했다. 흩어졌던 백성들이 자신의 땅으로 돌아오게 되고, 무화과나무와 안전과 시냇물과 하나님의 영광이 모든 곳에 있을 것이라고 말이다. 창조는 유대인 신앙의 근간이다. 창조는 하나님의 돌보심을 나타냈다. 하나님은 채워 주시리라 약속하셨다. 하나님은 자기 백성의 운명을 회복시키고자 하셨다. 하나님은 평화를 주셨고 고향으로 돌아가게 해 주셨다. 이것이 신약성경에서 어떻게 발전되는지 살펴보자.

해답: 새 창조

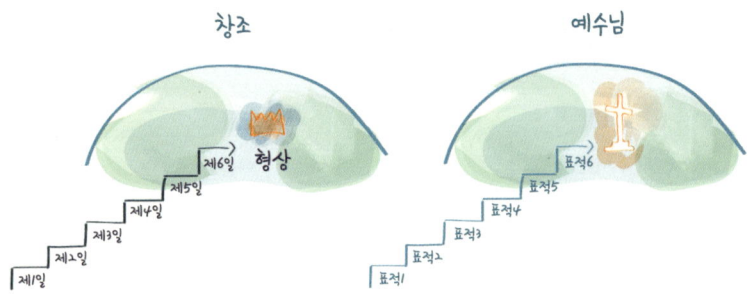

창조 여섯째 날에 하나님은 자신의 형상으로 인간을 만들어 동산에 두셨다. 요한복음에서는 여섯 가지 표적이 나타난 후에 '인자'가 '유대인의 왕'으로서 등장한다. 요한은 창조를 그분의 이야기로 가져와서, 새 창조가 십자가 사역 가운데 도달하는 것을 보게 해 준다.

요한복음은 인류사에 우뚝 솟은 걸출한 책이다. 요한은 예수님을 창조주로 묘사하며 복음서를 시작한다. "태초에 말씀이 계셨다."[19] 예수님은 로고스(logos)이시며, 로고스가 창조를 하셨다. 요한은 예수님의 이야기를 창조 이야기에 뿌리내림으로써 그분을 설명할 준비를 한다.

이어서, 예수님이 그분의 창조 세계로 들어오신다. 성육신이다.

"그 말씀은 육신이 되어 우리 가운데 사셨다."[20] 하나님이 그분의 작품을 회복시키시기 위해 그 작품 안으로 들어오신다. 내부로부터 변화가 일어난다.

예수님은 현재 창조 세계 **안**에서 악을 해결하는 사역, 또한 그로써 새 창조가 태어날 가능성을 여는 사역을 완성하시기 위해 죽음을 향해 가신다.[21]

십자가는 창조 역사의 판도를 바꾼 사건이다. 요한은 십자가와 이를 둘러싼 사건들에 복음서의 많은 분량을 할애한다. 여기서 우리는 창조로부터 계속 울려 퍼져 오는 메아리를 듣는다.

고대 근동 사람이 창세기 1장을 읽으면 성전 건설을 묘사한 내용으로 이해할 것이다. 창조 엿새 동안 하나님은 그분이 거하실 장소를 지으신다. 그분이 창조 중 가장 마지막으로 하신 일은 그분의 형상, 아이콘(eikon)을 만드시고 이를 성전 가운데 두신 것이다. 이 형상은 예배자들에게 그들이 예배하는 대상이 누구인지 상기시켜 준다. 창세기에 나오는 이 아이콘은 아담이다. 이 일은 **여섯째 날**에 일어난다.

   요한은 표징들이 일어난 현장으로 독자를 안내한다. "첫 번째 표적"인 가나안 혼인잔치(2:11), "두 번째 표적"으로 백부장의 종을 고치신 일(4:46-54), 베데스다 못(5장), 5천 명을 먹이신 일(6장), 날 때부터 앞을 보지 못하는 자를 고치신 일(9장), 죽은 나사로를 살리신 일까지 (11장). "복음서의 전반부인 1장부터 12장까지 여섯 표적이 나온다. 그 다음에 우리는 다락방으로 올라간다.…아니, 더는 표적이 없단 말인가? 일곱 번째 표적은 무엇이란 말인가?"[22]

요한복음 19장으로 빨리 넘어가 보자. 예수님의 마지막 하루. 억압에서 해방된 것을 기념하는 유월절의 예비일. 금요일. **일주일 중 여섯째 날.** 예수님이 고발을 당하신다. 빌라도 앞으로 끌려오셨다. 그들은 이미 고문을 시작했고, 그분의 머리에 가시 면류관을 눌러 씌웠으며, 그분을 모욕하는 자색 옷을 입혔다. 혐의를 찾지 못한 빌라도는 예수님을 군중 앞으로 데리고 와서 "보시오! 이 사람이오!"라고 선언한다.

지금 지어지는 '성전'은 구원의 건축물, 새 창조, 예수님과 함께 아이콘으로서 성도들이 이루는 공동체, 최종적 모습, 하나님의 형상이다. 이 참 사람은 아담이 할 수 없었던 일, 이스라엘이 할 수 없었던 일을 하신다. 진정한 왕적 제사장이 여기 계신다. "우리가…그분의 영광을 보았"다고 요한은 말한다.[23]

예수님은 진정한 사람으로서 창조를 완성하셨다. 나중에 바울도 이 개념을 사용했는데, 그는 예수님을 "새 아담"이라고 칭했다. 창조가 완성되었으며, 리메이크되었다.

십자가에서 예수님은 "다 이루어졌다!"라고 말씀하시고 숨지시는데, 여기서 창세기 1장의 각 창조 단계들이 메아리친다. 부활하신

날, 여자들은 예수님을 정원사로 착각한다. 이는 "아담과 마찬가지로 예수님도 하나님의 새 세상에 질서를 부여하는 임무를 맡으셨기에 마땅히 할 법한 실수다."[24] 하나님의 정원에서 일하시는 예수님. 다시 한번 창조가 메아리친다.

기독교가 발전시킨 주장은 이만큼 엄청난 중요성을 갖고 있다. 즉, 나사렛 예수로 인해 생겨난 것은 그저 새로운 종교적 가능성도, 그저 새로운 윤리나 새로운 구원의 방식도 아닌 새로운 창조다.[25]

요한은 명백하게 창조에 집중하여 우리에게 그리스도를 소개한다. 창조 사역은 완성되었고 변화되었다.

옛 세상 한가운데 있는 새 세상

유대인의 소망

시작됨
그때
지금
시작된 종말

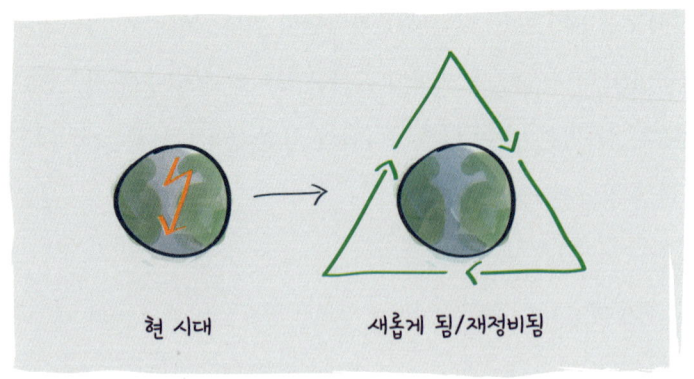

유대인들에게는 언젠가 세상이 바로잡힐 것이라는 소망이 있었다. 예수님은 그분 안에서 이 일이 시작됐다고 선포하셨다. 미래가 현재에 도래했다. 왕이 오셨다. 새 창조가 시작됐다.

초기 그리스도인들은 정말로 세상이 뒤집혔다고 믿었다. 나사렛 예수 안에서 새 창조가 시작되었다. 이는 부담감이 없고 더 나은 종교 생활 그 이상이었다. 강력해진 도덕률 그 이상이었다. 개인 구원 그 이상이었다. 이는 새 창조였다!

하지만 시기상 약간 의아한 점이 있었다. 유대인들은 세상이 끝날 때 죽은 자들이 다시 살아날 것이라 믿었다. 역사의 한가운데서 부활이 일어날 것이라고는 아무도 상상하지 못했다. 유대인들은 모든 사람들과 하나님의 백성에게 더 큰 규모의 사건이 일어날 것이라 믿었다. 그러나 다른 사람 전부를 두고 한 사람만 앞서 부활한 것은 전혀 뜻밖의 일이었다.

이것은 무엇을 의미하는가? 끝이 왔다는 것이다. 주의 날이 도래했다는 것이다. "부활의 핵심은 하나님의 새로운 세상이 시작되었다는 것이다."²⁶ 새로운 세상이 시작되었다. 하지만 옛 세상의 한가운데서 시작되었다. 참으로 이상해 보인다. 어떻게 하나님이 세상을 청소하는 작업을 단번에 끝내지 않으시고 나눠서 하신단 말인가? 하나님은 그렇게 하셨다. 그리고 그분의 원래 계획, 즉 그분의 목적을 위해 창조 세계와 인간이 청지기 역할을 감당한다는 계획을 고수하셨다.

하나님의 미래가 우리를 만나기 위해 현재에 도래했다. 하나님이 마지막 날에 하려 의도하신 일이 벌써 세상 이대로의 모습 가운데로 들어온 것이다.…우리는 초기 그리스도인들과 함께 이 위대한 사건의 첫째 부분이 예수님의 부활과 성령의 강림 안에 이미 발생했다는 사실을 기념하며, 부활절과 오순절로 시작된 일이 마침내 완성될 둘째 부분을 간절히 고대하고 있다.²⁷

이제 부활은 두 가지를 이야기한다. 온 창조 세계에 대한 하나님의 소유권뿐 아니라 창조 세계를 새롭게 하시려는 하나님의 확고한 의지까지 말이다. 하나님이 이 땅을 통치하기 시작하셨다. 우리는 현재 가운데 마지막 때를 보고 있다. 예수님이 몸으로 부활하셨다. 그분은 그분을 따를 많은 이들의 장자시다. 예수님을 통해 미래가 우리의 시대로 들어왔다.

이것이 하나님 나라, 곧 새 창조이며, 하나님이 이 창조 세계를 통치하시는 것이다. 이는 그저 다른 차원으로부터 영적으로 침범해 오는 것 이상이다. 그 나라는 물질적이다. 그 나라는 시간과 공간 안에 세워진다. 하나님이 왕이 되셨으며, 우리는 그분께 동참한다!

이것이 하나님 나라다

예수님의 하나님 나라 메시지는 그분의 탄생까지 이르는 긴 이야기와 연결된다. 이 이야기는 약속과 새로운 미래를 가리켰다. 그 소망이 이제 실현되었다. 하나님이 주관하신다.

이제 하나님 나라를 새롭게 이해해 보자. 톰은 이렇게 생각한다. "나는 우리 세대의 과업 중 하나가 교회를 하나님 나라라는 주제에 주목하게 만드는 것이라고 굳게 믿는다."[28] 예수님은 공생애를 시작하시며 "때가 찼다! 하나님의 나라가 오고 있다!"라고 선포하셨다.[29] 그분은 두루 다니시며 '하나님 나라 복음'을 설파하셨다(막 1:13; 마 4:23; 눅 4:43). 하나님 나라는 정확히 무엇인가?

지난 세대의 고전적 견해는 곧 그 나라가 하나님의 지배와 통치라는 것이었다. 즉, 자기 백성에 대한 왕의 역동적 행동이라고 보왔다.

톰은 여기서 한 걸음 더 나아간다. 그는 하나님 나라가 '하나님이 주관하신다' 프로젝트이며, 그저 이를 원하는 사람들에게만 임하는 게 아니라 온 창조 세계에 선포된다고 본다.

오늘날 하나님 나라의 의미는 그것이 언제나 의미했던 바와 같다. 예수님에 따르면 이제 하나님이 완전히 새로운 방식으로 세상을 주관하신다. 하나님이 구속적으로 주관하신다.[30]

하나님 나라는 원하는 자들이 하나님을 경험하는 영역 이상의 의미를 지닌다. 상황이 변했음을 의미한다. 세상에 새로운 경영 방식이 도입되었다. 시대에, 그리고 역사의 진로에 변화가 일어났다. 원하는 자든, 원치 않는 자든 모든 이들에게 말이다.

하나님 나라는 우리 예상과는 아주 다르게 작동한다. 어떠한 강제도, 새로운 강권도 없다. 왕이신 하나님과 그 나라의 본질을 자신을 내어 주신 사랑이 보여 준다. 예수님은 그 나라가 여기 임했다고 말씀하셨다. 우리는 그 새 시대에 살고 있다.

도덕에 관한 새 해석

행복 쫓기

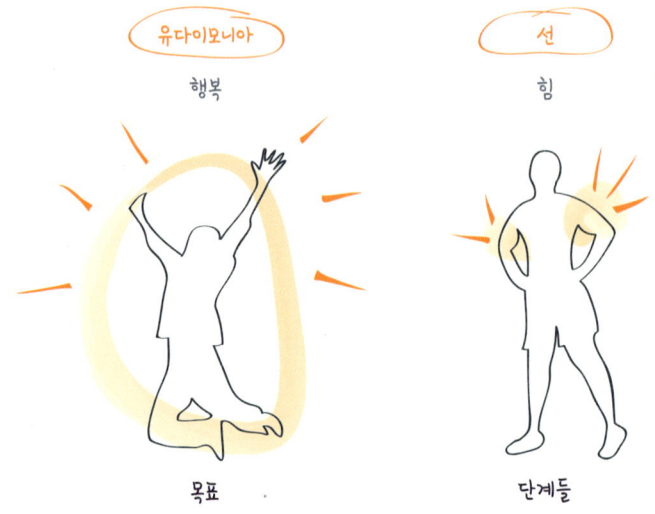

아리스토텔레스 같은 고대 철학자들에게 인생의 목적은 인간의 번영과 행복이었다. 우리는 두 가지를 통해 여기에 도달할 수 있는데, 하나는 확실한 목표이며 다른 하나는 그것을 향한 특정한 단계들이다. 목표는 행복이다. 그리고 단계는 그 목표에 다다르기 위해 쓰이는 성품의 힘, 즉 덕이다.

"행복을 주는 것이라면 그렇게 나쁜 것은 아니겠지요"라고 셰릴 크로(Sheryl Crow)는 노래한다. 그녀는 다수 현대인의 태도를 포착해 냈다. 감정, 그리고 자신에게 유용하고 기분 좋은 것이라면 무엇이든 추구할 자유는 중요하다. 자유가 지배한다. 교회도 이런 상황이 되었다. 사람들이 도덕이라고 이해하는 것의 중심에는 개인적 성취에 대한 요구가 있는 것 같다. 삶은 좋다는 느낌이 들 때 좋은 것이다.

비록 일부 기독교 서적이 "당신에 관한 게 아니다"라고 말하긴

하지만 설교, 조언, 동기부여는 대부분 이런 관념을 부추긴다. 기독교 쾌락주의는 이 관념을 받아들이고, 거기에 하나님의 색을 입힌다. 기독교 낭만주의는 어떤 진정한 성찰보다, 훈련에 대한 부르심보다 내적 감정을 더 우위에 둔다.

이런 관념의 원형은 그리스인들에게서 나왔다. 유다이모니아(Eudaimonia), 행복을 추구하는 것이 좋은 삶의 근본 형태라고 제시했던 사람은 아리스토텔레스였다. 그의 가르침은 덕(선한 행동)이 어떻게 이 인간 번영이라는 궁극 목표를 뒷받침하는지 잘 보여 주었다. 이 가르침은 오늘날의 대중 심리학이나 대중 설교와 상당히 비슷하다.

교회는 이에 단호하고 엄격하게 반응할 수 있다. 행복은 잊고 올바로 행동하라고 말이다. 또한 훈련 기관은 (여전히 은혜를 강조하면서도) 하나님이 그리 명령하셨다는 이유로 분명한 도덕성을 전달하려고 한다. 어려운 일이다.

톰은 우리가 잘못된 방향을 바라보고 있다고 말한다. 자기 성취는 궁극 목표가 아니다. 하나님의 형상을 나타내는 것이 인간의 목적이다. 하나님이 의도하셨던 모습으로 회복되고 하나님의 새 창조에 맞게 살아가는 것이 우리의 궁극 목표가 되어야 한다.

아리스토텔레스는 인간 번영이라는 목적을 어렴풋이 이해했다. 예수님, 바울, 나머지 사도들도 그랬다. 하지만 그 목적에 대한 예수님의 비전은 보다 넓고 깊어 온 세상을 포괄했으며, 인간을 자신의 도덕적 상태를 발전시켜 나가는 외로운 개인이 아니라 도래할 하나님 나라를 기뻐하는 시민으로 여겼다.³¹

성경 이야기를 보면, 인간은 세상 전체의 행복에서 자신의 행복을 찾는다. 인간의 행복은 완벽한 자유를 향해 항해하는 외딴 배가 아니다. 그리스도인의 선한 삶은 하나님의 샬롬, 즉 창조하신 모든 것이 질서에 따라 잘 작동하는 데 있다. 이로써 그리스도인은 세상에 자신만의 처소를 짓지 않고, 자신 너머를 바라본다.

기독교적 의미에서 볼 때, 덕의 훌륭하고 아름다운 점은 자아가 그 그림의 중앙에 없다는 것이다. 하나님과 그분의 나라가 그 중앙에 있다. 예수님이 직접 말씀하신 바와 같이 우리는 먼저 그분의 나라와 그분의 의를 구해야 한다.³²

이는 당신에 관한 것이 아니다. 정말 그렇다.

행복은 잊어버리라 – 당신은 보좌로 부름받았다

성경 이야기는 우리를 하나님 나라로 이끌고 간다. 우리는 예수님을 통해 전면에 등장하는 새 창조를 보며 큰 충격을 받는다. 창조

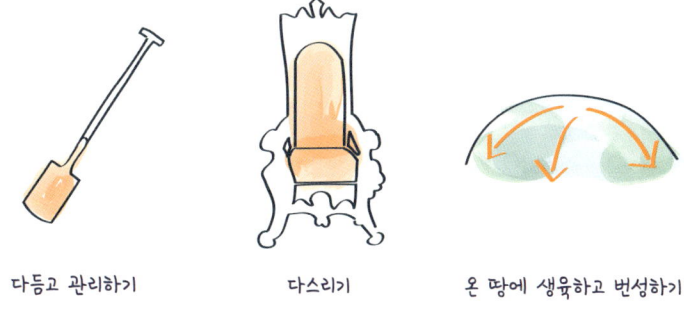

다듬고 관리하기   다스리기   온 땅에 생육하고 번성하기

하나님의 형상이란 개념에는 정원을 가꾸고, 다스리고, 온 땅에 번성하라는 세 가지 측면이 있다.

때 우리 인간의 원래 모습이 어땠는지 한번 살펴보자. 그곳에서 우리는 하나님의 형상으로 설계되었다. 우리는 하나님의 창조 질서를 다스리도록 세워졌다. 인간으로서 완전해진다는 것은 하나님의 설계 가운데 살며 그분을 예배한다는 의미였다. 즉 청지기 사역과 예배다. 진정한 청지기 정신은 이 세상에서 우리가 지닌 의무를 알려준다. 진정한 예배는 죄의 뿌리인 우상숭배를 쫓아낸다. 아리스토텔레스에게 인간은 유다이모니아를 추구하는 존재였다. 창조주에게 인간은 하나님의 형상을 추구하는 존재였다.

행복은 잊어버리라. 당신은 보좌로 부름받았다. 하나님은 우리와 함께, 그리고 우리를 통해 세상을 경영하고자 하신다. 이는 신약성경에서도 이어진다. 다시금 우리는 하나님의 세상에서 그분과 함께 일한다는 관념을 갖고 있다. 하나님 나라를 확장한다는 관념, 하나님의 통치를 따르는 청지기가 된다는 관념 말이다. 이는 협력적 종

말론, 즉 하나님 나라를 이 땅에 임하게 하고자 하나님과 함께 일한
다는 관념이다.

이 일은 어떻게 일어나는가? 덕을 통해서, 그리스도인의 성품을
형성함으로써, 예수님을 닮아 감으로써, 성령의 열매를 통해서 일
어난다. 이런 개념들은 모두 동일한 한 역할에 대해 말해 준다. 하
나님의 새로운 세상에서 역할을 다하기 위해 인간으로서 성숙하는
것 말이다.

창세기에 창조된 세상은 생육하는 세상으로 설계되었다. 식물,
동물, 사람을 비롯해 모든 것과 모든 이가 자신을 닮은 것을 만들어
낸다. 우리는 하나님의 창조 사역에 동참하고 있다. 하나님은 인간
을 통해 일하신다. 세상을 만드실 때 하나님은 인간을 창조 세계의
청지기로 두셨다. 우리는 하나님의 형상이다. 이와 같이 우리에겐
세 가지 목적이 있다. 우리는 세상을 다듬고 유지하며, 다스리며,
생육하고 번성한다.

바울은 우리를 "새 창조"라고 부른다(갈 6:15; 고후 5:17). 이는 원
래 목적이 다시 제자리를 찾았다는 의미다. 우리는 다시 이 세 가지
목적을 가지고 산다.

창조는 열린 프로젝트다

우리는 하나님의 새 창조 세계에서 그분의 창조 세계를 관리하고

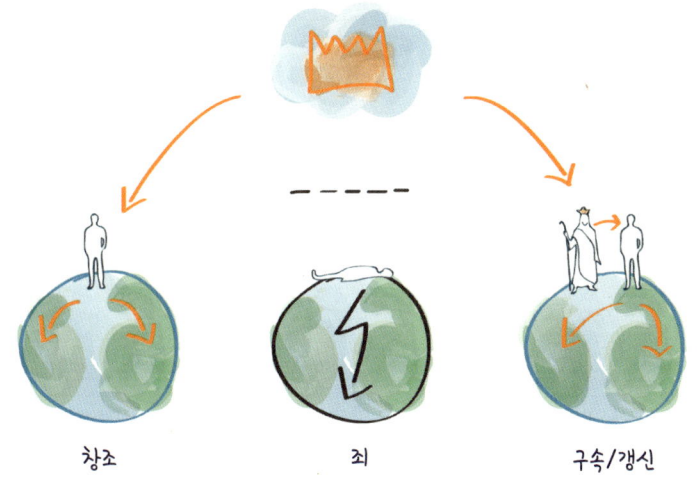

그리스도인의 도덕 이야기는 하나님의 세상을 다스리는 일에 대한 것이다. 선한 청지기가 되어 하나님의 선하심을 행동으로 나타내기 위해 사람들에겐 선한 성품이 필요하다.

예배하는 신실한 종이자 왕 같은 제사장 역할을 감당하도록 부름받았다. 그리스도인으로서 성장하면 하나님의 청지기로 참여할 수 있게 된다. 문을 열고 나가 세상에 좋은 소식이 되는 것이다. 우리는 다시금 하나님의 세상에 그분의 형상을 반영한다. 하나님의 통치에 참여한다.

이는 톰이 말한 것처럼, 열린 프로젝트다. 미리 결정된 경로는 없다. 창조주와 피조물 사이의 협업에 더 가깝다.

창조 세계는 인간이 자신의 책임을 회복하길 기다린다. 로마서 8장에는 죄가 창조 세계 자체에 미치는 결과를 이야기한다. 창조 세계가 고통을 겪는다. 인간이 하나님의 설계대로 행동하기 시작한다면 창조 세계는 즐거워할 것이다. 온 창조 세계가 궤도를 이탈하도록 만든 아담의 죄를 우리가 무르는 것이다.

구원받는다는 것에는 하나님과 개인적 관계를 맺는다는 것보다 훨씬 많은 의미가 있다. 구원받은 사람들은 세상을 구원한다. 톰은 이 관계를 매우 힘주어 강조한다. "예수님의 하나님 나라 프로젝트의 핵심 요소는 하나님의 창조 프로젝트의 핵심 요소와 이어진다. 하나님은 인간을 통해 세상을 통치하고자 하셨다."[33] 예수님은 아담의 소명을 다시 시작하신다. 우리가 예수님이 하신 일을 파악한다면, 그 이해는 우리 주변 세상에 영향을 미칠 것이다. 그리고 창조 세계를 향한 하나님의 계획에 맞게 움직일 것이다. 하나님은 세상을 구속하시기 위해 인간을 구속하신다.

하나님의 프로젝트에 참여할 준비하기

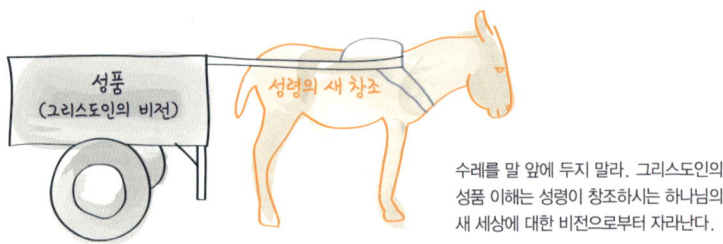

수레를 말 앞에 두지 말라. 그리스도인의 성품 이해는 성령이 창조하시는 하나님의 새 세상에 대한 비전으로부터 자라난다.

텔레비전 전원을 끄면서 우리는 때로 인간이 하나님의 형상으로 지어졌다는 주장을 믿기 힘들 수 있다. 우리 세상에는 탐욕, 전쟁, 멸시가 너무나 많다. 정말 모든 사람이 선하신 창조주의 형상을 반영하는 것일까?

인간이 언제나 하나님의 형상을 나타내지는 않는다. 모든 사람들이 그분의 형상으로 만들어지긴 했으나 우리 개인의 선택과 생활 방식이 그 사실을 가릴 수 있다. 죄는 우리 안에 있는 하나님의 형상을 부패시킨다. 예수님의 사역을 통해 죄는 심판받으며, 죄의 영향력은 극복된다. 깨끗이 된 후에는 목적이 다시 진행될 수 있다.

이제 도덕에 대해, 즉 성품이 어떻게 작용하는지에 대해 집중해 보자. 인간의 태도와 행동은 하나님의 성품을 반영하거나 그분의 형상을 가린다. 성품의 역할을 이해하는 열쇠는 새 창조를 살펴보는 데 있다. 초기 그리스도인의 궁극적 비전은 인간이 하나님의 새 세상에서 청지기와 공동 창조자의 역할을 수행하는 것이었다. 이 비전을 통해 우리는 도덕을 이해하고 우리의 성품이 어떻게 형성될 수 있는지 알게 된다.

성품은 하나님의 형상이라는 개념을 따라간다. 우리가 성품을 새 창조에 비추어 이해하고 우리의 역할을 하나님과 함께 새 창조 세계를 통치하는 것으로 이해하고 나면, 도덕은 매우 중요해진다. 톰은 우리가 순서를 바로 알아야 한다고 경고한다. 새 창조가 먼저고, 성품은 그다음이다. 반대로 가는 건 말 앞에 수레를 놓는 격이다. 이 순서가 바로 되어야만 성품과 도덕에 대한 우리의 논의가 취향과 개인적 경험으로 표류하지 않는다.

우리가 사는 방식은 단지 처벌을 피하거나 어떤 임의의 규칙을 따르거나 평정심을 찾는 일에 대한 것이 아니다. 우리가 사는 방식은 우리가 하나님의 영광을 전파하게 한다. 혹은 그리하지 못하게 한다.

세상 속에 하나님 반영하기

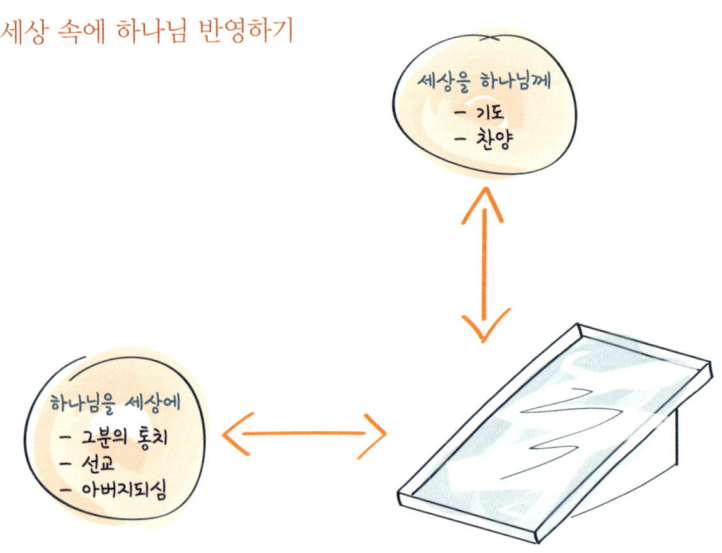

하나님의 형상 가운데 있다는 것은 기울어진 거울이 되는 것과 비슷하다. 우리는 세상에 하나님의 통치를 반영하고 우리의 선한 행동을 모아 하나님께 찬양으로 드린다.

톰은 "우리는 기울어진 거울과 같다"라고 말한다. 하나님의 형상으로서 우리는 세상 속에 하나님을 반영한다. 이를 '선교'(missions)라 부를 수 있다. 우리는 하나님의 영광을 세상에 가져온다. 이것이 '다스림'의 의미이며, 기독교적 측면에서는 하나님의 창조 세계 앞에 지혜로운 청지기가 되는 것이다.

이 거울은 반대 방향으로도 작동한다. 우리는 하나님께 이 세상을 반영한다. 우리는 기도와 찬양으로 하나님의 선하심을 비춰 드리고, 우리 세상의 문제에 대해 그분께 인도를 구한다.

형상은 소명이요 부르심이다. 이는 기울어진 거울이 되어 하나님의 지혜로운 질서를 세상 속에 비추고 모든 창조물의 찬양을 창조주께 비춰 드리라는 부르심이다. 이것이 왕 같은 제사장이 된다는 것의 의미다. 하나님의 세상을 돌보는 것은 왕의 일이고, 피조물들의 찬양을 한데 모으는 것은 제사장의 일이다.[34]

이 모든 것이 하나님의 형상으로 다시 만들어진다는 개념 속에 들어 있다. 거울이 유용한 것은 그 자체로 쓰임새가 있거나 아름다워서가 아니라, 거울을 바라보는 사람의 얼굴을 반영해 주기 때문이다. 기울어진 거울의 역할은 한 사물을 다른 사물에게 비추는 것이다. 기울어진 거울을 통해 하나님이 세상에 비춰지시고(선교), 세상이 다시 하나님께 비춰진다(예배).[35]

거룩함은 예배와 선교를 연결시킨다. 기울어진 거울이 잘 작동하려면 깨끗해야 한다. 거룩함은 형상이 얼룩지지 않도록 막아 주어서, 하나님과 세상이 잘 연결되게 한다. 이것이 우리의 숙명이다. 도덕적 인도는 성경의 이야기를 올바로 이해함으로써 얻는 것이다. 하나님은 세상을 선하게 창조하셔서 그 안에 선한 청지기로 인간들을 채워 넣으셨고, 예수님은 새 창조를 시작하시며 인간들을 하나님 나라의 대리자요 새 창조 프로젝트의 책임자로 세우셨다. 우리의 도덕적 대화는 하나님의 창조 및 하나님 나라의 본질에 대한 개념에서 흘러나온다. 이 이야기의 일원으로 살아가는 삶 속에서만 도덕적 대화의 맛이 충분히 우러날 수 있다. 우리는 하나님의 세상을 일구기 위해 기도하고 행동하는 공동체로서, 우리의 목소리를 다시 찾고 하나님의 아름다운 계획에 담긴 소망을 이야기할 것이다.

3장

이야기가 바뀌었다

유대인들이 세상을 이해한 방식

포로 귀환

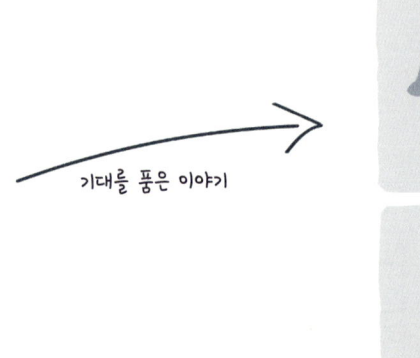

기대를 품은 이야기

세상의 왕

이것이 예수님이 답하신 유대인들의 이야기다. 그들은 포로 상태에서 돌아오길 기다렸다. 예수님 안에서 이 일이 일어났고, 하나님은 세상의 왕이 되셨다.

우리는 톰의 참신한 생각들에 대해, 그리고 왜 그가 신학 세계를 뒤흔드는 것인지 살펴보았다. 또한 우리는 그의 연구에서 독특하게 제시되는 네 가지 통찰들도 살펴보았다

1) 성경에서는 단일한 이야기가 연결되는데, 그 중심엔 하나님이 계시며 율법이 해결책의 시작으로 제시된다.

2) 예수님 사건은 세상을 바꾸었고, 이는 사사로운 선택으로 축

소될 수 없다.

3) 하나님 나라는 우리 시대에 하나님의 새 창조가 시작되었음을 알린다.

4) 우리는 하나님의 형상을 지닌 자들로서 모든 피조물을 회복시키시는 하나님의 사역에 동역한다.

톰에게서 온 이 선물들은 성경을 보는 우리의 관점을 새롭게 해 준다. 더 이상 우리는 화나신 하나님과 거리감이 있는 것이든 화평과 좋은 삶을 찾지 못하는 것이든 개개인의 문제 해결에 대해 이야기하지 않는다. 그게 아니다. 우리는 하나님에 대한 이야기를 듣는다. 이는 약속의 성취에 대한 이야기다. 귀향과 포로 귀환에 대한 이야기다. 새로운 유형의 왕에 대한 이야기다. 하나님이 행위자시다. 그분에겐 계획이 있다. 그리고 그 계획엔 우리가 포함되어 있다.

이 이야기는 우리에게 무슨 의미인가? 이제 이 질문에 답해 보자.

새로워진 두 눈 – 신약 세계관

어떻게 정신이 변화하는가

정신이 변화할 때 우리는 하나님 이야기에 뛰어들어 우리가 누구이며 어디에 있는지 새로운 답을 찾는다.

어느 날 글 하나를 읽었는데, 고등교육 비용이 얼마나 가파르게 상승했는지에 대한 내용이었다. 경영학 석사(MBA)나 기타 대학 학위를 따는 데 드는 비용이 여태 엄청 비싸졌는데도, 계속 증가하고 있다는 것이었다. 지식과 훈련된 사유 방법은 우리가 사는 세상에 큰 변화를 일으킨다. 알고 보면 초기 그리스도인들도 이처럼 우리가 사고하는 방식에 큰 가치를 두었다.

논리는 이렇게 흐른다. 세상의 갱신은 새롭게 갱신된 사람들로부터 시작된다. 사람의 갱신은 정신의 갱신에 달려 있다. 따라서 새로운 사고방식은 그리스도와 함께 살아가는 데 결정적 요소라 할 수 있다. 바울의 글이 정신을 얼마나 강조하는지 살펴보자.

로마서는 "허튼 방식으로 생각하기를 배웠고"라는 표현으로 시작되며 (1:21), 뒤이어 그리스도와 이스라엘과 구속의 위대한 이야기를 말하고, 이 모두를 "마음을 새롭게 함으로 변화되어"라는 구절로 한데 묶는다(12:2).

에베소서에는 "여러분의 영에 지혜의 선물을, 사람들이 일반적으로 볼 수 없는 것을 보는 선물을 주시기를"이라는 기도가 나오며(1:18), 불신자들의 "지각이 어두워졌"다고 말하고(4:18), 우리의 "마음의 영을 새롭게 하"라고 요청한다(4:23).

빌립보서는 "이런 생각을 품어야 합니다. 그것은 곧 여러분이 메시아 예수께 속해 있기 때문에 지니게 되는 마음입니다"라고 말한다 (2:5). 골로새서는 우리에게 "위에 있는 것들을 생각하"라고 촉구한다 (3:2). 고린도전서는 "우리는 메시아의 마음을 지니고 있"다고 확언한다(2:16).

이런 구절들을 계속 이어 갈 수 있다. 우리가 생각하는 방식은 중요하다. 그리스도인의 사고방식은 하나님을 모르는 이의 사고방식과 대조된다. 그리고 성경은 우리의 믿음을 한정하는 규칙이나 교리의 묶음이 아니다. 성경은 이야기에 우리도 참여하라고 초청하는 이야기다. 신약성경의 복음서와 서신서는 우리기 직접 신학적으로 사고하기를 청한다. 우리는 우리가 지닌 전제들과 이전에 배웠던 내용들을 탈바꿈하는 과정으로 부름받았다.

톰은 정신을 훈련하라고 말한다. 하나님의 이야기에 참여하고, 그 가운데 우리의 위치를 찾고, 이것이 우리에게 의미하는 바가 무엇인지 파악하는 데 정신을 두어야 한다. 여기서 집중하고, 연습하고, 토론하고, 기도하고, 성경에 몰두하고, 사고에 관여하는 것은 필수다.

여러분의 정신을 완전히 사용하지 않고도 은혜가 작용할 것이라고는 잠시라도 생각하지 말라. 여기서 우리는 다시금 확인한다, 하나님은 우리가 꼭두각시가 아니라 사람이 되기를, 바람이 불면 이쪽저쪽으로 날아가는 지푸라기가 아니라 사고하여 파악할 줄 알고 실제 결정을 내릴 수 있는 진짜 인간이 되기를 원하신다. 당신은 '서로 다른 것들을 제대로 이해'할 줄 알아야 한다.[36]

성령이 우리를 인도해 주실 것이다. 성령은 우리에게 하나님의 생각을 알려 주시고, 기꺼이 노력하려는 우리의 태도를 통해 역사하신다. 이 사실을 염두에 두고 세계관에 대해 살펴보도록 하자.

세계관이 작용하는 원리

톰은 "세계관이란 우리가 보는 도구"이지 "보는 대상이 아니"라고 말한다.[37] 톰은 세계관을 안경에 비유한다. 안경은 우리가 잘 볼 수

세계관은 안경과 같다. 당신은 이 안경을 통해 세상을 보며 이해한다. 이 안경을 구성하는 재료는 우리가 자신에게 말하는 이야기들, 우리가 당연히 받아들이는 주요 상징들, 일련의 실천들이다. 세계관은 다섯 가지 질문에 답을 제시해 준다.

있게 해 준다. 사물에 초점을 맞춰 준다. 그리고 보통은 쓰고서도 별로 인식되지 않는다. 다른 사람들은 그 안경을 볼 수 있을지 모르지만, 쓰고 있는 사람은 안경을 인식하거나 분석하기 힘들다.

모든 문화 속에는 아무도 문제 삼지 않고 공유하는 일련의 전제들이 있는 것 같다. 그게 곧 작동하고 있는 세계관이다. "오늘날 이 시대에 우리는 이를 이렇게 봅니다"와 같은 말은 세계관의 전형적 표현이다. 별로 설명할 필요가 없다. 그 문화 속에선 원래 그런 것이다.

어쩌면 우리는 종종 자신의 확신에 속고 있는지도 모른다. 우리가 쓰고 있는 안경을 살펴볼 때가 되었다. 이것이 톰의 조언이다.

그러면 이 안경은 어떻게 작동하는가? 세 가지 요소와 몇몇 질문이 있다.

우리는 **누구**인가?
우리는 **어디**에 있는가?
무엇이 **잘못**되었나?
해결책은 무엇인가?
지금은 **어떤 때**인가?

- **이야기**, 즉 상징과 실천의 조합이 세계관을 구성한다. 이야기는 우리가 어떻게 역사 속에서 이 지점까지 왔는지, 또한 어디로 가고 있는지 설명해 준다.
- **상징**은 깃발과 같이 없어서는 안 될 필수적인 것이다(누군가 국기를 불태우고 있다고 상상해 보라. 국기는 특정 삶의 방식을 대표하는 중요한 상징이다).
- **실천**은 이야기와 상징을 강화한다. 이것은 사람들이 문화 속에서 집단적으로 행하고 가치를 두는 것이다. 사람들이 '좋은 취향'이라고 가정하는 것이며 당연하게 여기는 것들이다.

여기에 더해 세계관을 구체화하는 다섯 가지 질문이 있다.

- 우리는 누구인가?
- 우리는 어디에 있는가?

- 무엇이 잘못되었나?

- 해결책은 무엇인가?

- 지금은 어떤 때인가?

복잡해 보이는가? 몇 가지 예를 살펴보면 도움이 될 것이다.

21세기의 세계관

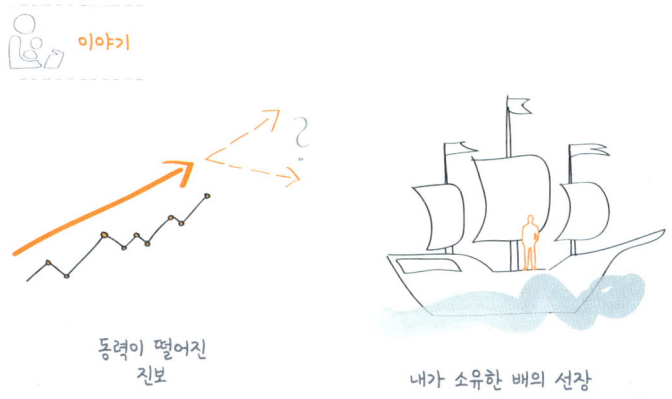

동력이 떨어진 진보

내가 소유한 배의 선장

서양적 사고방식의 이야기: 우리는 향상되었으며 더 진보해 간다. 자신이 소유한 배의 선장으로서 자유와 자기표현을 향해 항해한다.

우리가 살고 있는 때와 시대를 예로 살펴보자. 수많은 개념과 문화가 우리 세계에 존재하지만 서양에는 공통된 한 관점이 있는 것 같다. 톰은 다음과 같이 제안한다.

이야기: 기본적으로 우리는 진보를 이야기한다. 18세기 계몽주

의를 지나며 우리는 과학과 기술을 중심에 두고 역사 속에서 전진하리라 약속했다. 세상이 나아졌다. 하지만 큰 문제들을 해결하지 못하는 우리의 무능으로 인해 이 진보는 고비를 만났다. 우리 서양인들은 지난 세기에 사람들을 수백만 명 죽였고, 핵폭탄을 떨어뜨렸으며, 우리의 체제는 인간의 탐욕과 위법행위 아래 어려움에 처했다. 9/11 테러는 앞으로도 여러 세력들이 우리가 이 땅에서 평화롭게 진보하도록 놔두지 않을 것임을 보여 주었다. 그러므로 우리의 진보는 여전히 유효하지만, 그 동력은 다 떨어졌고 새로운 방향을 찾고 있다. 우리는 또한 선택과 자유에 대해 이야기한다. 현재 분위기는 '자기 영혼의 선장이 되라'라는 문구로 표현할 수 있다. 우리는 자기 성취를 추구하며 자신의 취향을 가장 우선시하도록 삶을 조직한다.

우리 문화는 자아실현에 고정되어 있다. 내가 진정 누구인지 발견하는 일에, 그다음엔 그 발견에 충실하게 사는 일에 고정된다. 이는 우리가 지닌 주요 문화적 의무 중 하나다. 또한 수많은 사람들은 이게 예수님이 기본적으로 가르치셨던 내용이라고 생각한다. 예수님은 사실 완전히 반대로 가르치셨다. 그분은 자신을 찾고자 한다면 자신을 잃어버려야 한다고 하셨다.[38]

상징: 돈은 당연히 상징이다. 경제 가치로서나 권력으로서나 지

위로서나 모두 돈을 많이 가질수록 더 많이 존중받는다. 우리의 도시는 대기업과 돈의 구조를 나타내는 빌딩들의 윤곽선에 지배당한다. 우리는 복리(複利) 개념을 받아들였는데, 그 안에는 부의 축적 외에 다른 어떤 목적도 없으며 돈의 증식 자체가 보상이 된다.

 상징

돈

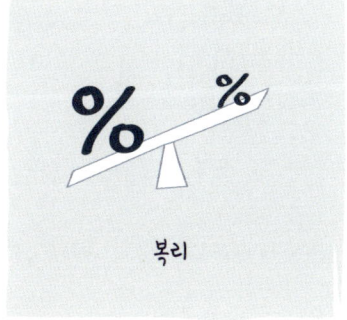
복리

서양적 사고방식의 상징: 영향력과 자기 성취의 수단인 돈. 진보의 이야기인 복리.

실천: 테스코, 에르고 숨(*Tesco, ergo sum*, 나는 쇼핑한다. 고로 존재한다. 테스코는 영국의 대형 마켓−역주). 이것이 우리 시대의 새로운 주문이 된 것 같다. 이것은 힘이 있다는 느낌, 뭔가 할 수 있다는 느낌, 자기 배의 선장이 된다는 느낌을 준다. 우리는 전례 없는 빈도로 여행을 다니며 다양한 방식으로 경험을 추구한다. 우리는 여행할 때 우리의 가치들을 함께 가지고 간다. 가치는 우리가 도착한 세상에 세워 놓은 프랜차이즈를 통해서, 우리 자신의 개인적 취향과 권력

3장 이야기가 바뀌었다 93

이 어떻게 작동해야 하는지에 대한 이해를 통해서 전해진다. 모든 사람을 위한 민주주의, 그것이 세상을 향한 우리의 야망이자 소망이다.

| 쇼핑 | 여행 | 가치를 부과함 |

서양적 사고방식의 실천: 쇼핑하기, 여행하기, 민주주의나 평등과 같은 우리의 가치를 세상에 부과하기

 질문 우리는 누구인가?
우리는 어디에 있는가?
무엇이 잘못되었나?
해결책은 무엇인가?
지금은 어떤 때인가?

앞의 질문들을 살펴보자.

우리는 누구인가?: 지식인이다. 자원을 갖고 있으며 교육을 잘 받았다. 우리는 해냈다.

우리는 어디에 있는가?: 불확실한 세계에 있다. 우리가 안정과 평화를 갖길 바라는 만큼이나 많이 우리가 완전히 풀지 못하는 문제들이 있는 듯하다.

무엇이 잘못되었나?: 압제, 전체주의를 주장하는 이데올로기다. 우리는 절대적 권위를 주장하는 종교를 싫어하며, 예측할 수 없는 독재자를 싫어한다. 선거 때 우리가 인정하지 않는 후보들만으로 선택지가 한정된다는 사실을 싫어한다.

해결책은 무엇인가?: 소망, 전쟁, 대중 매체, 부드러운 압력을 혼합한 것이다. 우리의 가치를 세상에 부과하는 것이 여전히 가장 마음에 드는 생각이다. 교육, 대중 매체, 비즈니스는 우리의 가치를 모든 문화에 전달할 수 있다.

지금은 어떤 때인가?: 아쉽게도 불확실한 시대다. 더 안전하고 더 자유로우면 좋겠지만 아직 거기까지 도달하진 못했다.

그렇다. 이러면 우리의 때와 시대가 요약된다. 예수님의 때에는 어땠을까? 사도 바울은 세상을 어떻게 바라보았을까?

바울의 세계관

톰은 연구의 많은 부분을 들여서 사도 바울의 사고방식에 대한 통찰을 길러 냈다. 톰은 이렇게 말한다. "메시아의 마음을 갖는다는 것은 새 창조의 개념에 맞춰 조율된다는 의미다. 고대 철학자들에게

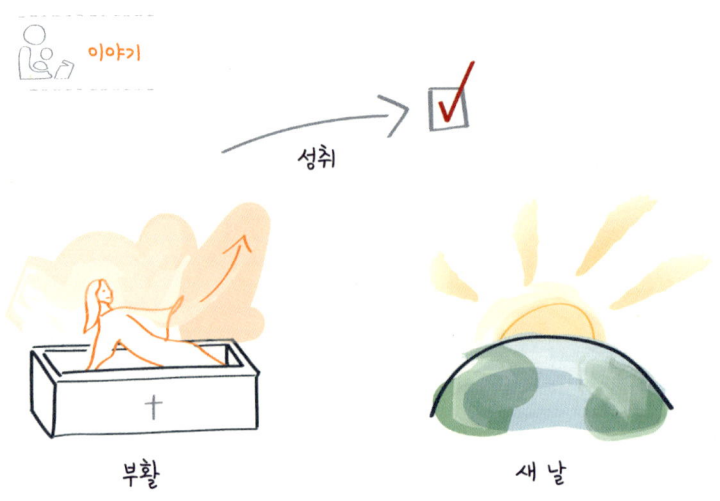

바울의 이야기는 완성의 조짐을 담고 있다. 긴 여정이 마침내 종착점에 도달한다. 부활이 결정적 전환점이다. 부활은 새날이 동튼다는 의미다. 하나님이 드디어 역사하셨고, 모든 갈망과 소망에 종지부를 찍으셨다.

사고란 세상이 실제로 존재하는 방식에 맞게 우리를 조율하는 작업이었다. 바울에게 사고란 세상과 하나님의 새 창조가 마땅히 이루어야 할 조화에 부합하는 것이었다.³⁹ 새 창조에 대한 이러한 강조는 바울의 세계관에 뿌리내려 있다. 세상에 관한 바울의 관점은 어떤 **이야기** 위에 세워진 걸까? 그 이야기에는 세 가지 측면이 있다.

성취: 바울은 구약성경 이야기를 가져와 이것이 예수님 안에서 완성에 이르렀다고 말했다. 그는 하나님이 언젠가 그분의 백성들에게 오실 것이라는, 그래서 포로 상태를 끝내시고 자기 백성들과 함께하실 거라는 유대인들의 소망을 공유했다. 신약성경은 그 일이 **일어났다**고 선포한다.

시작된 종말: 유대인들은 주님이 돌아오실 이 위대한 날을 '주의 날'로 고대하고 있었으며 이 일이 세상 마지막 때에 일어날 줄로 알고 있었다. 그때가 되면 모든 게 끝날 것이다. 바울은 그 이야기를 했다. 하지만 이야기를 약간 비틀었다. 그 일은 일어났지만 아직 모든 게 끝나지는 않았다. 종말이 우리 시대 속으로 들어왔다. 하나님 나라가 이 시대 안으로 파고들어 왔다. 새 창조가 역사 속으로 뚫고 들어왔다. 우리는 겹쳐진 두 시대 속에 산다. 지금 그리고 아직은 아닌 시대 말이다.

왕이 되신 하나님: 하나님이 현재 가운데 심판자이자 구원자로서 오셨다. 새날이 동텄다. 사람들이 용서받을 것이다. 죄는 심판받을 것이다. 하나님 나라가 여기에 임했다. 그리고 하나님이 다스리기 시작하셨다. 하지만 아직은 완전하지 않다. 아직 모든 지역에 그렇지는 않다. 하지만 실제로 다스리신다. 여기서, 현재 다스리신다. 메시지를 믿는 이들에겐 그렇다. 하나님의 뜻에 순복하는 이들에겐 그렇다.

이 이야기에서, 바울의 관점 중 **상징**은 무엇인가?

바로 교회의 연합과 거룩함이다. 왕이신 예수님을 중심으로 모이는 공동체다. 서로 화해하고 서로 사랑하는 공동체다. 여기에 바울의 세계관을 이해하는 실마리가 있다. 이 공동체는 **하늘과 땅**이 만나던 장소인 성전을 대체했다. 이 일은 제자들이 함께 모이며 관계를 맺는 지금 일어난다.

 상징

바울 세계관의 상징: 사람들이 가족으로 활동하는 새로운 사회질서. 리더십마저도 종의 정신으로 다시 정의된다. 역사의 결정적 전환점인 십자가. 한 분이신 하나님 아래 교회의 연합과 거룩함.

바울은 이 집단으로부터 메시아 추종자들을 모으는 일이나 어떤 한 사회 계층의 사람들끼리 모임을 갖는 일에는 관심이 없다. 바울은 사람들 모두가 함께 예배드리기를 바랐다. 이는 교회를 바라보는 세상에게 예수님이 진정한 세상의 주님이시며 단순히 자기 좋을 대로 이렇게 저렇게 따르는 종교 집단의 주인이 아니시라고 알리는 표시였다. 우리 모두는 모든 전통적 사회·문화의 경계를 넘어 하나로 연합되어야 한다.[40]

이와 함께 사회구조가 다시 정리된다. 세상은 질서와 안정을 유지하기 위해 모든 사람들이 그들의 위치에 있도록 큰 노력을 기울이지만, 바울은 사회적 지위를 하나의 커다란 가족으로 다시 정리했다. 힘 있는 자들은 섬기는 자로 부름받았다. 종들은 형제자매가 되었다. 낮은 자들은 부유한 자 옆에 함께 있게 되었다. 이사야서에 약속된 바와 같이 모든 사람들이 평등하게 되었다.

이에 부합하는 **실천**은 무엇인가?

이러한 새 시대에 우리는 새로워진 인간으로 산다. 이는 치유와 갱신을 선사하며, 거룩해질 것과 마찬가지로 하나님의 세상 구원 계획에 헌신할 것을 요청한다. 바울은 우리가 사고하고 행동하고 느끼는 방식을 이 사실이 바꾸어 놓았다고 본다. 화목은 여기서 중요한 역할을 한다. 화목은 공동체를 유지시킨다. 또한 이는 그리스도 안에서 '모든 것들이' 하나님과 화목하게 되리라는 메시지를 더 큰 세상에 전한다.

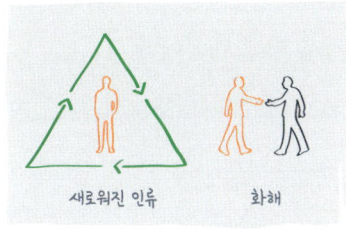
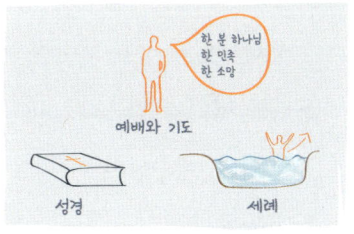

바울 세계관의 실천: 새로워진 개인들 및 모든 관계들의 화목. 한 분이신 하나님, 한 인류, 한 소망을 선언하는 예배와 기도. 성경과 세례가 그 밑에 깔린 이야기를 확증한다.

예배와 기도는 교회의 핵심 활동으로서 바울 세계관의 중심에 있다. 예배와 기도는 기쁜 마음으로 행해야 하는데, 일어난 모든 일들과 우리가 지금 어디에서 살고 있는지 생각할 때 특히 더 그렇다. 성경을 읽고, 성경을 통해 사고하는 연습은 우리의 마음이 변화하여 새롭게 도래한 이 날을 잘 이해할 수 있도록 돕는다. 또한 세례는 새 언약의 표징, 예수님을 따르는 자들에게 일어나는 부활의 표징이다.

질문
우리는 **누구**인가?
우리는 **어디**에 있는가?
무엇이 **잘못**되었나?
해결책은 무엇인가?
지금은 어떤 **때**인가?

그러면 다섯 가지 질문은 어떻게 되는가.

- **우리는 누구인가?**: 한 백성이다. 메시아 안의 사람들이다. 우리는 하나님의 구원 행위에 포함된 새 언약 백성이다.
- **우리는 어디에 있는가?**: 하나님의 새 창조의 일부로서 세상 속에 있다. 예수님이 이 세상에서 통치하신다. 하나님이 이 세상의 왕이시다.
- **무엇이 잘못되었나?**: 죄, 카이사르, 옛 인류다. 사람들은 타락했고 세상은 여전히 뒤틀려 있다. 사람들은 반역하고 있으며 메시아를 보지 못한다.

해결책은 무엇인가?: 기도, 성령의 역사, 부활, 예수님을 왕으로 선포하는 것이다. 이 모든 활동들은 새롭게 하시는 하나님의 사역과 그분의 나라가 전파되는 데 도움을 줄 것이다.

지금은 어떤 때인가?: 새 창조의 때다. 우리는 두 시대가 겹쳐 있음을 증언한다. 하나님의 때가 시작되었다. 하나님의 새 창조가 효력을 발하도록 해야 할 때다.

이것을 보고 당신 주위 사람들의 사고방식과 비교해 보라. 우리는 주변에서 어떤 이야기, 상징, 실천, 질문을 듣는가? 그리스도인들조차 이러한 관점으로부터 아주 멀리 떨어져 있는 것 같다. 이제 오래된 안경을 벗어 버리고 진짜 일어나고 있는 일에 다시 초점을 맞추어야 할 때가 아닐까.

우리 모두가 하나님이 위층에 살고 계신다고 생각하는 이유

분리

문제: 이것 아니면 저것

서양식 사고방식의 큰 문제: 하나님이 우리로부터 멀리 떨어져 계신다고 가정하는 것. 이는 온갖 종류의 이중성을 낳는다.

어째서 우리는 세상의 사고방식을 모방하는 데 갇혀 있는 걸까? 톰은 우리가 앞서 살펴본 고대 그리스 철학, 에피쿠로스주의를 지목한다. 이 사상이 우리에게 씌운 안경은 너무나도 강력해서 모든 것, 심지어 성경까지도 이 안경을 통해 해석하게 만든다.

에피쿠로스에 대한 언급은 톰이 쓴 모든 글에 등장한다("하나님은 건물 꼭대기에 사시며 우리는 아래층에 산다. 계단은 망가졌고 엘리베이터도 오래전에 운행을 멈췄다").[41] 하나님과 분리되어 작동하는 세상이라는 개념은 온갖 어려움을 초래한다. 이런 생각은 현대적 자기 이해에 힘을 공급해 준다. 그리고 복음을 있는 그대로 바라보게 해 주는 빛을 차단시켜 버린다.

우리가 이렇게 생각하지 못하는 것은 에피쿠로스주의라 불리는 고대 철학의 현대판이 오랫동안, 대개는 인식되지 않은 채 세력을 넓혀 왔기 때문이다. 그 방식대로 하나님이나 신들이 멀리 떨어져 있으며 지구는 완전히 혼자 힘으로 굴러간다고 생각하는 한, 우리는 절대 그 비전을 희미하게라도 보지 못할 것이다. 기적이 일어나지 않는 것은 단지 일어날 수 없기 때문이라고 선언한 비상한 스코틀랜드 철학자, 데이비드 흄(David Hume)을 경외하는 한, 고대 유대인의 세계관을 믿기도 힘들뿐더러 그게 어떤 내용인지 이해하는 것조차 어려울 것이다.[42]

이렇게 층을 분리하는 사고는 세상을 운영하시는 하나님의 이야기 전체를 보지 못하게 한다. 기적을 믿는 것마저도 여전히 분리된 세상을 상정하는 것일 수 있는데, 이는 원래 하나님이 거의 나타나시지 않는다고 본다면 그분이 나타나시는 게 놀라운 일이 되기 때문이다. 이와 유사하게 층을 분리하는 숨은 사고는 다음과 같은 질문들을 만들어 낼 수 있다. 이것은 하나님으로부터 온 것인가, 사람으로부터 온 것인가? 이것은 사람의 노력으로 된 것인가, 아니면 하나님의 역사인가? 층을 분리하는 세계관은 이런 질문을 던진다. 하나님이 온 창조 세계에 친밀하게 개입하신다고 믿는 사람들은 양자택일할 필요가 없다.

우리 문화는 진보와 소유와 안전한 세상 속의 자리에 대해 이야기한다. 이 이야기는 자명해 보이며 이의를 제기하기 어려워 보인다. 하지만 성경에 반대된다. 하나님의 이야기에는 다른 소망이 있다. 하나님의 새로운 세상에 대한 이야기. 부활의 소망. 온 거리거리에 하나님의 형상을 비춤으로써 하나님의 영광을 전파할 직무다. 당신은 어떤 이야기를 받아들이는가? 어떤 이야기를 살아 내는가?

우리가 보지 못하는 것

서양적 세계관의 색안경—우리 모두가 붙들고 있는 에피쿠로스주의

세계관이란 말은 약간 복잡하게 들린다. 누구든 그렇게 생각하는가? 맞다. 세계관은 가정이나 대중매체, 교회에서 자주 토론 주제가 되지 않는다. 하지만 우리 시대에 존재하는 커다란 갈등을 살펴보면, 세계관 문제가 상당히 관련되어 있는 것 같다. 세계관이 토론에 등장하지 않는다 하더라도 세상의 싸움은 결국 세계관의 싸움이다. 예를 들어, 호전적 이슬람과 물질주의의 대립을 보라. 또는 중국, 러시아, 이스라엘, 미국 간에 지속되는 갈등을 보라. 세상이 어떻게 돌아가야 하는지에 대해 각 나라가 서로 다른 비전을 갖고 있다. 이들의 이야기, 상징, 실천, 질문들은 이들을 매우 상이한 결론들로 이끈다. 이들이 서로 맞닥뜨릴 때마다 우리는 이 세상에 또 다른 긴장이 고조되는 것을 목격한다.

예수님이 오셔서 하신 이야기와 선포는 그 당시 사람들에게 잘 맞지 않았다. 그들의 세계관에는 인간의 역사 속으로 들어오시는 하나님, 십자가에서 죽으시는 하나님, 세상이 지속되는 가운데 일어나는 부활이 들어설 자리가 없었다.

하나님은 예수님을 역사 속에서 죽은 자 가운데서 살려 내심으로써 다른 사람들뿐만 아니라 과학자들의 설명이 필요한 증거를 남겨 놓으셨다. 내가 이해하는 한, 우리가 사용하는 패러다임에 맞지 않는 어떤 일이 발생했을 때, 어쩌면 그것을 우리가 알고 있는 다른 모든 방법으로도 설명할 수 없을 때, 과학적 접근이 취할 수 있는 적어도 한 가지

대안은 그 패러다임 자체를 바꾸는 것인데, 그때까지 우리가 알고 있
던 모든 것을 제외시켜 버리는 게 아니라 더 큰 틀 안에 포함시키는
것이다.[43]

이 시대에 사는 우리들도 예수님의 이야기를 우리 이야기에 끼
워 맞추는 일에서 유사한 어려움을 겪는다. "예수님의 부활을 믿는
것은 오늘날 실재 중심의 패러다임을 받아들인 사람들에겐 그저 불
가능하다.…여기에 걸린 문제는, 창조와 정의의 하나님을 인정하는
세계관과 그리하지 않는 세계관들 사이의 충돌이다."[44]

톰은 현대식 성경 읽기가 서양의 문화적 세계관에 굴복했다고
비판한다. 이 세계관에서 하나님은 일상의 일들에 관여하지 않으
신다. 하나님을 일상생활에서 분리해 버린다면, 예수님 이야기조차
정통적이고 성경에 근거한 듯한 가르침 수준으로 변해 버린다. 이
러한 관점은 성경 이야기의 주요한 부분들을 사실상 배제한다.

슬픈 이야기지만, 잘못된 서사에 사용하기 위해 그럴싸한 신학 표현
들을 쓰는 법들을 배우려고만 해도 교리적이고 윤리적으로 '옳은' 항
목들을 체크하는 게 가능하다. 마치 점 잇기 그림의 모든 점들을 다
연결시켰지만 코끼리 대신 당나귀를 그린 아이와 같다. 사람들이 삼
위일체, 성육신, 속죄, 부활, 몸의 거룩함과 같은 교리를 믿으면서도
영지주의와 공모한 서사 속에서 살 수 있음을 교회가 대개 인지하지

못해 온 것은, 정확히는 계몽의 세계에서 추상적 교리와 규칙들이 이야기보다 종종 우위를 차지해 왔기 때문이다(성경 자체는 오히려 그 반대가 되어야 한다고 암시하지만 말이다).[45]

쓰고 있는 안경을 벗어 버리고 더 나은 안경으로 바꿔 쓸 때가 되었다. 우리가 생각하는 방식은 정말로 우리가 삶을 대하는 방식을 바꾼다. "복음을 바로 이해하면 다른 모든 것이 바로잡힐 것이다."[46]

이것이 복음이다

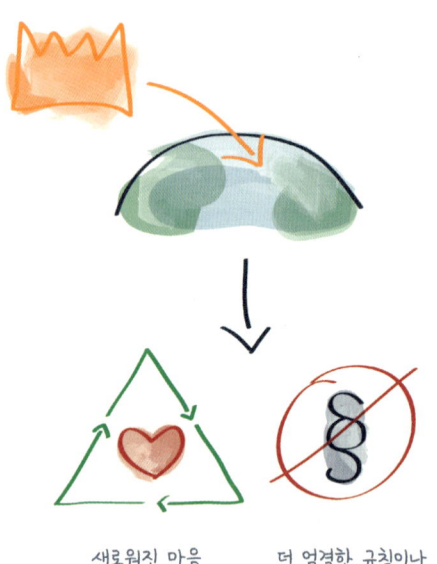

새로워진 마음

더 엄격한 규칙이나
더 강화된 집행이 아님

복음: 하나님이 땅에서 왕이 되신다. 하나님은 더 엄격한 규칙이나 더 뛰어난 강제를 통해서가 아니라 새로워진 마음과 사랑의 삶을 통해 통치하신다.

복음. 우리가 선포하는 것의 중심. 좋은 소식. 톰은 우리가 핵심을 잘 파악했는지 체크해 보라고 촉구한다. 그는 우리가 이 메시지를 실제보다 덜 강력한 형태로 축소시켰다고 생각한다. 그는 이렇게 말한다.

복음 설교에 대해 말할 때 사람들은 보통 이것이 어떻게 그리스도인이 되는지, 또는 어쩌면 그리스도가 그들의 죄를 위해 죽으셨다는 것이 무엇을 의미하는지, 아니면 어떻게 하면 정말로 천국에 간다고 확신할 수 있는지 설명하는 거라 생각한다. 물론 이 모든 것은 중요하다. 하지만 좋은 소식 그 자체는 아니다. 특히 교회는 복음에 대해, 당신은 죄인이며 죽어야 마땅하다고, 예수님이 당신을 대신해 죽으셨다고, 그래서 그분을 믿으면 결국 천국에 갈 것이라고 말하는 방식을 고수해 왔다. 이를 더더욱 간단히 줄여서 예수님이 나의 형벌을 받으셨다는 말 정도로 표현할 수 있다.[47]

이런 형태의 복음은 세계 곳곳의 교회에서 들을 수 있다. 간결하고, 행동을 촉구하며, 여전히 옳다. 하지만 완전하지 않다. 우리는 사람들에게 법적 상태에 대한 메시지만 전해서, (인간 행위에 대한 초조함에서 나오는) '네'라는 대답 말고는 무엇도 할 수 없게 하고 그들의 목적지가 이 땅이 아닌 다른 어떤 곳이라 말해 준다. (누군가 "우리 서양 교회는 제자도의 위기 가운데 봉착해 있다"라고 말했듯)[48] 서양 기독교가 제자도를 담아내기 힘들어 하는 것은 놀랄 일이 아니다. 대부분 교회들이 가난한 이들에 대한 사역, 월요일에서 금요일까지로 확장하는 공동체, 성도들 가운데 있는 성령의 은사, 선교 참여를 두고 고투한다. 글쎄, 만약 우리의 복음이 이야기의 일부분만을 담는다면 우리는 복음이 발휘하는 효력의 일부만 얻게 된다.

그렇다면 복음은 무엇인가? 톰은 이렇게 이야기한다.

좋은 소식은, 유일하시며 참되신 하나님이 예수님과 그분의 죽음과 부활 안에서, 또한 이를 통해서 이제 세상을 주관하신다는 것이다. 오래된 소망이 참으로 실현되었지만, 아무도 예상치 못했던 방식으로 실현되었다. 세상을 바로잡으시려는 하나님의 계획이 마침내 시작되었다. 언제나 약속하신 것처럼 그분은 세상을 바로잡아 그분의 영광과 정의로 채우시고자 새로운 방식으로 세상을 붙드셨다. 그런데 하나님은 예언서들의 가장 과감한 기대치를 넘어 이 일을 행하셨다. 태곳적부터 온 세상을 병들게 한 질병과 그것에 시달리던 인간이 마침내 치유되었고, 새 생명이 그 자리에서 자라날 수 있게 되었다. 생명이 살아나 새로운 힘, 곧 사랑의 힘을 입고 거센 강물과 같이 세상 속으로 쏟아져 들어온다. 예나 지금이나 복음은 이 모든 일이 예수님 안에서, 그분을 통해서 일어났다는 것이다. 언젠가 이 일이 모든 창조 세계에 완전하고 순전하게 일어날 것이며, 우리 인간 하나하나가 누구든 상관없이 바로 지금 여기에서 그러한 변화에 사로잡힐 수 있다는 것

이다. 이것이 기독교의 복음이다.⁴⁹

예수님 안에서 하나님은 왕이 되셨다. 이는 옛 시대와 새 시대를 구분하는 소식이다. 사람들에게 사명을 주는 소식이다. 이 땅을 뒤흔드는 소식이다. 예수님을 통한 새 창조다.

창조 때 그랬듯 우리는 하나님의 형상이며
여전히 이 세상에서 하나님의 동역자다

앞서 우리는 하나님의 동역자로서 세상을 경영한다는 개념에 대해 살펴보았다. 이 개념은 처음 창조의 특징이다. 하나님이 세상을 창조하시고, 인간에게 그 세상을 운영하라고 경영권을 넘겨주셨다. 동물의 이름을 짓는 일에서부터 세상의 설계를 그리는 일에 이르기까지 우리는 하나님의 위임 아래 하나님과 공동으로 세상을 창조한다. 우리는 하나님의 형상이며 세상에 하나님의 성품을 나타낸다. 또는 그리하지 않는다.

"예수님의 부활이 하나님의 새 프로젝트의 시작이다"라고 톰은 말한다. "이는 사람들을 이 땅에서 낚아채 하늘로 데려가는 것이 아니라, 이 땅을 식민지 삼아 천국의 삶을 가져오는 것이다. 이것은 결국 주기도문이 말하는 바와 같다."[50]

우리 삶에 대한 소망은 바로 이곳에서 지금 삶을 충실하게 살 힘을 준다. 우리가 새 삶으로 일으켜 세워진 것은 이 세상에 치유와 정의를 가져오기 위해서다. 우리는 구원받아 하나님의 작품이 되었다. 우리는 모든 것이 새롭게 되길 소망한다. 우리는 최초의 위임 명령, 하나님의 청지기로서 창조 세계를 돌보는 일을 다시 맡을 것이다. 하나님의 형상으로 살며 그분의 지혜와 돌보심을 세상에 전파할 것이다.

이제 이 일을 어떻게 우리의 삶에서 표현할 수 있는지 살펴볼 차례다.

하나님의 통치를 어떻게 선포할 것인가

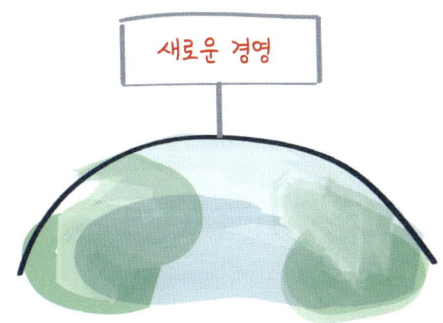

예수님의 메시지:
세상을 새 주인이 경영한다.

톰은 현재 정황을 잘 이해하도록 돕기 위해 예시를 하나 소개한다. 여러 가게들이 나란히 있다고 생각해 보자. 한 가게 앞에 띠가 둘러져 있고 "새 주인이 운영 중"이라는 표지판이 적혀 있다. 옛 사업자가 나가고 새 임차인이 이 가게를 운영할 권리를 갖게 되었다. 이제 이 사람이 가게 구조를 디자인하고, 매일 가게를 운영하며 지휘한다. 이것이 예수님이 세상의 왕이 되신 우리의 현실에 대한 비유다.

세상은 새로운 경영 아래 있다. 왕이 오셨고 세상을 주관하고 계신다. 소유주가 바뀌었다는 표지판이 걸린 건물처럼, 예수님이 주님이시라는 선포 역시 이제 새로운 누군가가 책임을 지게 되었음을 모두에게 알려 준다. 이제부터는 새로운 누군가가 운영한다.

이 새로운 경영은 우리 삶에서 어떤 모습을 띠는가? 우리 도시들은 새 대장이 왔다는 사실을 어떻게 알까? 톰은 이 새로운 시대를 살아 내는 데 필수적인 다섯 가지 방식을 제안한다.

우리가 세상에서 하나님의 통치를 선포하는 다섯 가지 방식. 이 표지들은 오클랜드에서 앵커리지에 이르기까지 눈에 띈다(각각 미국 서남부와 알래스카에 있는 도시—역주).

예배, 공동체, 새로워진 인류, 예술, 희년 프로젝트. 이제 이것들에 대해 살펴보자.

예배와 전도

전도란 예수님이 주님이시라고 선포하는 일이다. 이 선포는 보다 안 좋은 두 가지 대안, 즉 예수님이 영적으로 더 나은 선택지라고 제시하는 것이나 지옥을 피하는 방법이라고 제시하는 것과 다르다.

예배는 어쩌면 우리가 하는 가장 정치적인 행위들 중 하나일지 모른다. 예배는 예수님을 세상의 주님이라고 선포한다. 예배는 다른 후보자들을 무력하게 만든다. 예수님이 세상의 왕이시라고 선포하는 일은 자신이 왕이라 말하는 다른 모든 주장들(정치 지도자들이든, 물질주의든, 이념이든)에 대한 정면 도전이다. 예수님만이 주님이시라고 선포할 때 우리는 권력을 주장하는 자들에게 정면으로 맞선다. 우리는 예수님께 충성을 맹세하며 그분의 지시를 따른다.

예배에서 우리는 예수님의 주되심을 기념하며 세상에 선포한다. 우리의 소망과 야망이 새로운 계획에 맞춰 빚어지도록 한다. 새로운 사회질서에, 마음이 깨끗한 이들을 돌보는 일에, 거룩한 삶에, "다른 장단에 맞추어 행진하고 다른 주님과 발맞추어 걷는" 공동체에 헌신한다.[51]

예수님을 선포하고 그분이 세상의 통치자시라고 선언하는 일은 우리 소명의 핵심이다. 예배와 전도는 서로 맞물려 있다. 두 가지 모두 예수님의 왕권을 선포한다.

톰에 따르면 전도는 기독교 역사에서 다소 한쪽으로 치우쳤다. 우리는 지옥에 초점을 두고, 예수님이 어떻게 지옥을 벗어날 길을 찾아 주셨는지에 대한 좋은 소식에 초점을 두거나, 사람들에게 더 나은 선택지를 제시하는 데 초점을 두었다. 예수님이 우리에게 더 좋은 삶을 주시고, 우리를 깨끗하게 해 주시고, 우리에게 **진정한** 행복을 가져다주신다는 선택지들 말이다. 모두 사실일지는 몰라도, 이것들은 복음의 일부에 불과하다.

바울의 메시지는…한 분이시며 참되신 하나님이 세상을 어떻게 근본적으로 영원히 바꾸시는지에 대한 것이었다. 종교와 도덕 체계, 또는 철학에 대해서는 그것의 이로운 점을 논할 수 있다. 하지만 뉴스 사건은 다른 방식으로 논의된다. 그 사건이 일어났는가, 일어나지 않았는가? 만약 일어났다면 그것이 지닌 의미는 사람들이 말한 대로인가, 그렇지 않은가? [바울은] 세상을 바꾸어 놓은 사건이 일어났다고 선언하고 있었다.[52]

하나님이 창조주시라는, 예수님이 온 세상의 주님이시라는 선언은 세상을 한 번 바꾸었다. 이 선언이 다시금 세상을 바꿀 수 있을까? 물론이다. 다시 이 선언을 이어 갈 때다. 말과 행동으로 말이다.

예수님의 삶과 가르침에 등장하는 주요 상징이 잔치였다는 것은 그리 놀랍지 않은 사실이다. 혼인 잔치에서부터 최후의 만찬에 이르기까지, 음식을 나누시고 식탁에 함께 앉으시며 예수님은 몸소 사람들을 초청하셨다. 삭개오의 집에 거하신 일에서부터, 엠마오로 가는 길에 떡을 떼신 일, 베드로와 물고기를 나누어 잡순 일까지 예수님은 교제의 식탁에 함께 모이는 것을 그분의 중심 상징으로 삼으셨다. 모두가 초청받았다. 모두가 함께 나누는 것이다. 이 잔치에 참여하라.

행동이 말씀과 일치했다. 예수님은 중심에서 세상을 하나로 모으신다. 이것이 우리의 메시지다.

하나님의 설계를 나타내는 공동체

하나님 나라의 주요한 표지 중 두 번째는 믿음의 공동체를 통해 나타난다. 이 새로운 세상은 사람들이 하나님의 친교로 부름받고 성령으로부터 힘을 공급받을 때 생겨난다. 이때 사람들은 하나님 나라가 온 세상에 임하도록 하라는 사명을 받는다. 우리는 세상이 어떤 모습이어야 하는지 세상에 보여 준다. 우리는 궁극적 창조의

화목

새로운 인류
새로운 세상을 구체화함

화목은 새 인류의 특징을 잘 보여 준다. 화목은 하나님의 새 세상을 나타내는 표지다. 이것보다 하나님이 행하시는 방식의 핵심에 가까운 것은 없으며, 하나님의 백성은 화목을 온 세상 속에 가지고 들어갈 수 있다.

모습을 앞서 나타낸다. 교회와 기독교 단체들은 자신들이 사는 방식과 서로 대우하는 방식을 통해 왕의 성품을 보여 준다. 빌립보서 2장에 나오는 그리스도 찬송 시는 예수님의 방식을 우리가 사는 방식, 즉 연합하며 자기를 내어 주는 사랑으로 가득한 방식과 연결 짓는다. 새로운 삶의 방식이 열렸으며, 그것은 예수님을 따르는 자들에게 삶의 질서를 잡는 새로운 방식을 요구한다.

열쇠는 신실한 자들의 공동체 안에 있다. 교회는 성경적 세계관의 중심에 있다. 연합됨은 하나님의 백성의 표지이며 하나님의 선교를 주도한다. 에클레시아(*ekklessia*)는 신약성경에 나오는 화목 개념을 구체화한다. 톰은 이렇게 말한다. "교회의 연합은 하나님이 정말로 중요하게 여기시는 것의 능력을 나타내는 표지다."[53] 그것은 사람들의 세계관이 어떻게 변했는지 그 무엇보다도 잘 알려 준다.

톰은 교회의 연합이 바울 신학의 "중심적 세계관 상징"이라 말한다.[54] 교회는 특정한 종류의 위치로서 역할을 맡고, 지혜와 치유를 전파하기 위해 일한다.

하나님이 예수님 안에서 승리하신 일은 새로운 존재를 만들어 냈다. 우리는 한 몸으로 부름받았다. 엄밀히 말해 교회는 선택의 문제가 아니다. 교회는 새로운 삶의 방식을 나타내는 표지다. 이 삶의 방식은 예수님이 하신 모든 일로부터 흘러나온다. 교회는 세상에 하나님의 형상을 전파하도록 예수님의 삶으로부터 태어났다. 이것이 우리의 사명이다.

예술은 우리의 눈을 연다

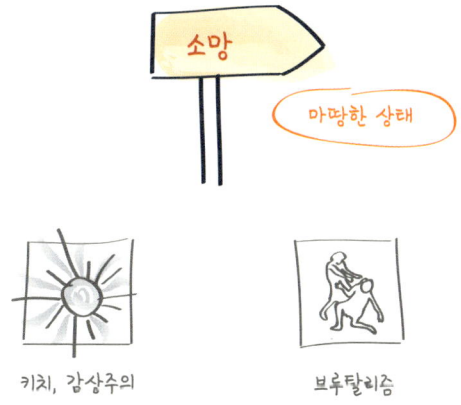

예술은 세상이 마땅히 어떠해야 하는지 가리키는 소망의 표지가 될 수 있다. 하지만 많은 경우에 예술은 두 가지 하위 분야로 대체되기도 한다. 하나는 키치와 감상주의(진리 없는 아름다움)이고, 또 하나는 브루탈리즘(아름다움 없는 진리)이다.

예술에는 사회의 가장 깊은 염원과 갈등이 담겨 있다. 위대한 예술은 우리로 하여금 보게 만든다. 우리 자신을 넘어서게 만든다. 톰은 세상을 빚어 나가기 위해 예술에 참여하라고 그리스도인들에게 요청한다. "우리는 악이 없는 세상을 상상하고, 그 세상에 이를 과정을 단계적으로 생각하는 법을 배울 필요가 있다."[55] 가능한 일의 비전을 일단 갖게 되면, 사람들은 보다 쉽게 행동으로 나아가게 된다.

세속주의의 긴 겨울에 움츠러들고 굶주린 기독교적 상상력은 깨어나 생기를 찾고 올바른 방향으로 향해야 한다.…하나님의 새로운 세상을 앞서 생각하고, 그 세상의 여러 면들을 보여 주고 구체화할 수 있는 참신한 형식의 예배와 봉사를 생각해 내야 한다. 우리는 이 상상력에 힘을 불어넣고 음식과 양분을 주어서, 생기 있고 창조적이게 되도록 해야 한다.[56]

예술은 새 세상을 향한 이정표가 될 수 있다. 영화의 예고편같이, 앞으로 다가올 시대에 대한 세상이 마땅히 되어야 하는 모습에 대한 미리보기가 될 수 있다. 예술은 더 나은 세상에 대한 비전으로 우리의 상상력을 채워 줄 수 있다. 따라서 예술은 훈련되고, 집중되고, 사명을 품고 창작되어야 한다. 이런 예술은 세상의 예술이 내놓을 수 없는 메시지를 세상 속에 던질 것이다.

시든 그림이든, 음악이든 건축이든, 사진이든 붓글씨든, 예술은 우리 정체성의 가장 깊은 부분을 파고든다. 예술을 하나님의 위대한 이야기에 접목시킬 때 우리는 하나님 나라의 대리인이 된다.

우리는 예술을 다시금 그리스도인의 부르심 중심으로 불러올 수 있다. 예술은 다양한 것들을 하나로 묶어 줄 수 있고, 논리는 그것을 차근차근 우리에게 먹여 주어야 한다. 예술은 우리가 소통하고, 배우고, 기념하는 방식을 형성할 수 있다. 우리는 예술가들을 지원하고 하나님이 주신 이 선물을 위해 공간을 만들 수 있다. 예술 활동은 하나님의 형상을 지닌 자로서 우리가 받은 부르심에 속해 있다.

정의는 그리스도의 사역을 실행한다

희년 프로젝트

그때기 아니라 지금
경제적 불균형과 부채 축소,
창조 세계를 돌봄, 인종차별 극복 등.

세상은 심각한 경제적 불평등 가운데 있다. 희년 정신이 이 문제를 다루어야 한다.

마지막으로 희년 프로젝트에 대해 이야기할 차례다. 예수님은 누가복음 4장에서 '때가 왔으니, 이는 희년의 때다'라고 말씀하셨다. 톰은 이 말씀을 가지고 우리에게 이런 메시지를 전한다. 희년의 정신을 우리 시대 속에 실현시켜라. 빚을 탕감해 주고, 억압받는 자를 자유롭게 해 주며, 창조 세계를 돌보고, 불의를 극복하며, 좋은 소식을 선포하라. 우리 시대의 문제들에 대해 생각하며, 우리는 희년 정신을 구체화하고 실천함으로써 하나님의 이야기를 살아 낸다. 그 가운데 우리는 하나님의 부르심에 참여하고, 하나님의 영광을 세상 속에 전한다.

여기서 희년 정신을 좀더 자세히 살펴보는 게 좋겠다. 만약 이 세상이 병들었고, 예수님이 죄를 극복하시고 죄의 권세를 꺾으신다면, 이제 우리는 그분의 승리를 세상 속으로 가져가는 하나님의 백성이다.

따라서 우리 그리스도인들은 불의를 극복하고 죄의 결과를 치유할 때마다 그리스도의 사역을 시행하는 것이다.

톰은 그리스도인들이 우리의 때에 정의를 위해 힘써야 한다고 요청한다. 하나님 나라는 권세나 능력이 아니라, 긍휼히 여기는 마음과 온유한 자들을 통해 임한다.

하나님 나라의 사역은 산상수훈에 아주 잘 요약되어 있다. 세상을 바꾸고 싶으실 때 하나님은 탱크를 보내지 않으신다. 하나님은 온유한

자, 애통해하는 자, 의에 굶주리고 목마른 자, 화해를 이루는 자 등을 보내신다. 그분의 피조물인, 그분을 따라 연약하고 부드럽지만 자신을 내어 주는 강력한 사랑을 실천하는 인간들과 통치권을 나누신 하나님의 방식 전체가 그분의 자비로운 사랑을 나타내는 것처럼 말이다.[57]

톰은 현재 이 세상에 존재하는 불균형을 지적한다. 서구 세계는 막대한 부와 권력을 쥐고 있다. 개발도상국들은 엄청난 부채로 어려움을 겪고 있다. 이 짐은 실로 막대해서 여러 개발도상국가의 발전을 조금도 허용하지 않는다. 그리스도인으로서 우리는 이사야가 본 비전, 곧 골짜기마다 돋우어지며 산마다 평탄해지는 비전을 위해 일해야 한다. 우리는 경제 정의와 용서의 편에 서야 한다. 여기에서 우리는 다시금 희년의 정신을 본다.

서구는 여전히 나머지 세계의 경제적 숨통을 쥐고 있다. 오늘날에는 거대한 국제 부채 현상이 있어서, 가장 빈궁한 국가들이 가장 부유한 국가들에게 빚을 지고, 상환 능력을 한참 뛰어 넘어 복리가 쌓여 가는데…우리는 부국과 빈국 사이의 격차뿐만 아니라 그 격차가 벌어지는 속도까지 확대시킬 수 있다.[58]

톰은 이러한 영구적 불균형이 유지되는 데 대해 "카스트 제도가 낮은 계급의 사람들 수천만 명을 불결하고 궁핍한 상태에 가두어

두듯이, 이러한 경제 체제는 갚을 수 없는 빚 가운데 이 모든 나라들을 가두어 둔다"라고 경고한다.[59] 오늘날 우리가 보는 위기 중 일부는 이런 작용의 직접적 결과다. 불평등은 모두에게 좋지 않은 결과를 초래한다. 죄가 그렇듯 말이다.

모든 사람이 지구적 재정 구조에 직접 영향을 미칠 수는 없지만, 톰은 우리가 할 수 있는 선택들을 고려하라고, 각자의 지역에 참여하라고, 정의로운 세상을 위해 우리의 요구가 정치가들에게 들리도록 하라고 요청한다. 그저 작은 발걸음에 지나지 않을 수 있다. 하지만 올바른 비전을 품는다면 우리는 세상을 움직일지도 모른다.

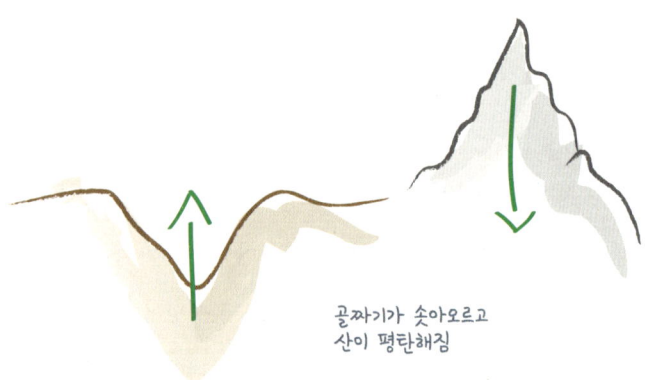

골짜기가 솟아오르고
산이 평탄해짐

희년 프로젝트는 골짜기가 돋우어지며 산이 평탄해지는 이사야의 비전을 성취한다. 이와 같이 격차를 없애는 일은 하나님 나라의 표지로서 약속된 것이었다.

권력자들에게 상기시키기

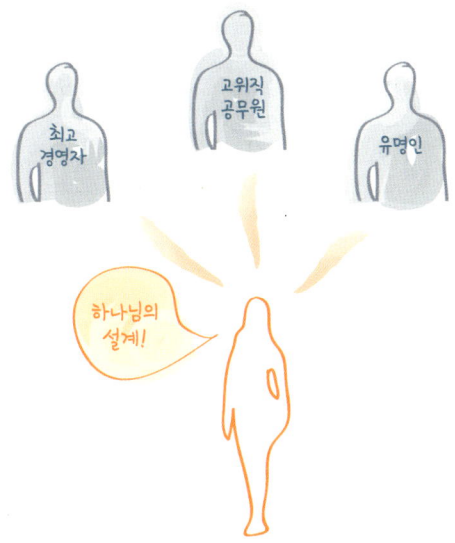

그리스도인들은 권력자들에게, 그들이 하나님의 지혜로 인해 그 지위에 있는 것이며, 하나님의 계획을 유념해야 한다고 상기시켜야 한다.

이 땅이 하나님 통치 아래 있어야 한다고 진지하게 생각하면, 공공생활 속 하나님의 역할에 대해서도 생각하게 된다. 예수님이 세상의 주님이시라면, 우리의 믿음은 사회의 모든 영역에 영향을 미칠 것이다. 요즘 신앙생활은 개인 경건이나 소위 기독교 활동(기도, 전도, 신앙 훈련, 소그룹 등)에 중점을 두는 경우가 많다. 내적 삶을 중시하는 이런 추세는 공적 영역에서 우리가 자신의 믿음을 따라 목소리를 내지 못하도록 만들었다. 하지만 우리의 세계관 속 장애물을 극복한다면 예수님의 주권은 모든 기관과 조직에 영향을 끼칠 것이다. 톰은 이렇게 말한다.

교회가 이 일을 행할 방법 중 하나는 정의와 긍휼의 사역, 아름다움과 관계의 사역을 실천하며 촉진시키는 것인데, 이런 일들이 풍성하게 실현되어야 마땅함을 통치자들은 직감적으로 알지만 막상 직접 이를 이루어 내기에는 무능력해 보인다.[60]

이는 세상이 돌아가게끔 하는 조직들 및 규칙들과 특히 관련이 있다. 마지막 날이 도래하기까지는, 하나님의 새 세상을 염두에 두지 않은 채 이 세상을 운영하는 구조들과 사람들이 있을 것이다. 만약 새 날과 새 시대가 이미 시작된 것이라면 이런 구조와 사람들을 어떻게 이해해야 하는가? 톰은 예수님이 보좌에 오르셨음을 상기시켜 준다.

그 결과는 골로새서 1장 18-20절에 나온 바와 같이, 통치자들이 화해하는 것이다. 스스로 그렇게 여기든 여기지 않든, 약간 이상하지만 그들은 하나님의 지혜로운 질서를 세상에 가져다주는 자들로 복위되었다.…창조주 하나님은 그분을 인격적으로 알지 못하는 통치자들조차 사용하셔서 새로운 질서를 구현하시며 세상을 구하기까지도 하신다.

이것 역시 사도행전 서사의 배경이 된다.[61]

하나님은 자기 목적을 이루시기 위해 세상의 통치자들까지도 사용하신다. 하나님 나라를 우리가 사는 도시에 임하게 하는 것은 곧 교회가 "통치자들에게 그들의 임무를 상기시키고, 권력자들에게 진리를 말하며, 권위자들에게 책임을 묻는 소명을 감당할" 필요가 있다는 의미다.[62]

일반적 개념으로는 좋게 들리지만, 이는 조롱과 고함으로 점철된 대결 따위로 이어지기 쉽고, 그 때문에 종종 그리스도인들을 좌절시킨다. 이는 마땅히 해야 할 일들을 지적받았을 때, 세상이 자신에 대한 달갑지 않은 (이해하지도 못한) 지적을 대수롭지 않게 넘겨 버리는 한 가지 방법일지 모른다. 지혜가 필요하다. 성령이 하시는 일의 대리자가 되기 위해, 또한 "죄와 정의와 심판이라는 이 세 가지 문제에서 세상이 잘못에 빠져 있음을 밝히"기 위해 지혜가 필요하다(요 16:8).

톰은 우리에게 이 길을 걸어서 "세상의 누추하고 허름한 모습이 대조되어 드러나도록, 하나님이 지으신 참된 인간상의 훌륭한 본보기를 제공하"라고 조언한다.[63] 교회는 세상에게 정의가 무엇인지, 그리고 그들이 어느 지점에서 잘못되었는지("부자의 힘있는 자를 편들고, 높은 위치에 있는 자들의 악을 눈감아 주며, 성경이 지속적으로 하나님의 정의롭고 정당한 돌보심의 특별한 대상들이라고 말하는 가난하고 곤궁한 사람들의 외침을 잊어버린 것")를 상기시켜 주어야 한다.[64] 가난한 자를 돌보는 일은 교회의 핵심 소명이며, 권력자들이 이를 기억하고 행동을 취하도록 상기시킬 필요가 있다.

세상은 통제와 폭력으로 작동한다. 교회는 바로 서서 세상에게 하나님의 심판을 상기시키고 사랑의 힘으로 죽음을 극복한다. 폭력과 죽음은 세상이 사람들을 통제하고 경계선을 긋는 한 방법이다. 어떤 경우에는 힘을 사용하는 게 유용하지만, 그 힘이 다루려 하는 문제를 해결해 주는 일은 거의 없다. 그리스도인으로서 우리는 권력에 대한 욕망을 비판하고, 성령의 힘으로 자신을 내어 주는 사랑의 삶을 살아야 한다.

이렇게 함으로써 우리는 하나님 나라가 이 세상으로부터 비롯한 게 아니라고 카이사르를 일깨워 준다. 우리는 위로부터 온 하나님의 통치를 일방적으로 실행하지 않고, 모든 주변부 사람들보다 더 큰 목소리로 외치지 않는다. 우리는 세상에 참여하여, 다가올 세상의 시제품을 바로 여기 일상 한가운데서 보여 주어야 한다. 우리는 모든 사람들이 하나님의 창조 세계를 돌보는 청지기로 부름받았다고 권위를 갖고 알려 주어야 한다.

4장

하나님의 새 세상에서 살며
하나님이 최종적으로 일하시길 기다리기

우리 영혼 속 네 개의 메아리

이 마지막 장에서는 예수님의 메시지가 어떻게 우리 주변 사람들의 갈망과 연결되는지 알아보려 한다. 모두가 구약성경을 관통해 예수님이 지니신 의미에 도달하지는 않는다. 하지만 모두가 자신의 마음이 자신에게 하는 말을 듣는다. 톰은 이런 사실이 어떻게 큰 이야기에도 작용하는지에 대해 몇 가지 생각을 갖고 있다.

이어서 우리는 성경이 그리는 그림의 맨 마지막 부분, 즉 죽음 뒤의 삶은 어떤 의미인지는 물론이고 우리 모두가 결국 어떻게 될 것인지에 대해서도 살펴볼 것이다. 마지막으로는 다시 원점으로 돌아와 우리가 하는 일이 헛되지 않음을 어떻게 알 수 있는지 볼 것이다.

염원들을 연결해 볼 준비가 되었는가?

우리는 삶 속에서 어떻게 이끌림을 받는가

우리는 삶의 방향을 어디에서 찾는가? 톰은 문화를 분석하고 사람들이 어디를 향해 가는지 살펴보면서 이 질문을 제기한다. 우리는 모두 무언가를 따라간다. 주변 사람일 수도 있고, 어떤 철학이나 가르침일 수도 있으며, 우리 삶의 여정을 형성하는 어떤 내적 감정과

우리는 무엇을 따르는가

개미들

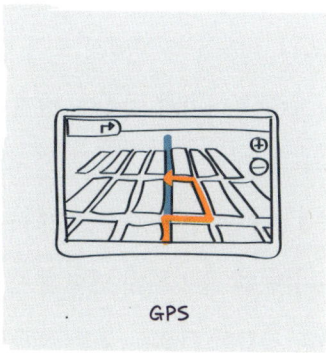

GPS

길을 따라가는 방법으로 두 가지 선택지가 있다. 개미처럼 우리 주변에 있는 사람들을 따라갈 수도 있다. 또는 GPS처럼 목적지를 향해 지속적으로 우리 자신을 재조정하며 나아갈 수도 있다.

통찰이 뒤섞인 것일 수도 있다. 톰은 개미를 예로 들어 설명한다.

어떤 종류의 개미는 길을 잃으면 자기 앞의 개미를 따라가도록 프로그램 되어 있다. 보통 이 방법은 효과적인데, 개미들이 꽤 영리하기 때문이기도 하고 앞에 있는 개미가 가야 할 길을 분명 잘 알고 있기 때문이다. 그런데 때로는 앞에 가는 개미도 자기가 따라갈 다른 개미를 찾아 계속 제자리를 빙빙 돌게 되고, 다른 개미도, 또 다른 개미도 따라간다. 머지않아 개미들은 모두 원을 그리며 빙빙 돌고, 자신들이 옳은 방향으로 가고 있다고 확신한다. 하지만 사실 모두가 서로 쫓아가기만 하며 큰 원을 그릴 뿐이다. 이는 끔찍한 결과를 초래한다.[65]

톰이 그리는 서로 따라가는 개미들의 모습은 우리 사회의 많은 부분에 대해 말해 준다. 이스라엘 사람들은 이에 대한 대안을 갖고 있었다. 이들은 외부에서 오는 (GPS 같은) 신호를 따랐는데, 이 신호는 그들이 어디서 자신을 발견하느냐에 따라 그들의 방향을 다시 잡아 주었다.

이 그림과 함께 톰은 우리 마음과 생각에 들어오는, 우리를 우리가 가야 할 길로 다시 연결해 주는 다양한 신호에 대한 논의로 들어간다. 정확한 근원은 모르지만 우리가 공명하는 한 가지 소리를 가리켜 그는 "목소리의 메아리"라 부른다.

다음 부분에선 이 목소리의 네 가지 메아리에 대해 자세히 살펴보도록 하자. 우리는 모두 이 메아리들을 알고 있다. 그것들은 우리 너머에 분명 무언가가 있다는 사실을 알려 준다. 이 메아리들 자체는 우리를 하나님께 인도해 주기에 부족하다. 그것들은 우리 너머를 가리켜 주는 낯선 표지판 역할을 한다. 자, 그 첫 번째 메아리를 살펴보자.

정의를 향한 염원

인간이 어떻게 하나님으로부터 오는 신호를 받도록 설계되었는지에 대한 톰의 이야기는 정의를 향한 염원으로부터 시작한다. 이 메아리는 무언가를 가리키지만 언제나 불완전한 상태로 남아 있다.

우린 모두 공정함을 원한다. 어려서부터 우리는 정의를 염원한다. 이것이 첫 번째 메아리다. 이에 세 가지 방식으로 반응할 수 있다. 그것을 일어날 수 없는 꿈으로 생각할 수도 있다. 다른 현실을 가리키는 것이라 생각할 수도 있다. 아니면 그 메아리 뒤의 목소리를 확인하려 시도할 수도 있다.

정의를 향한 추구는 어려서부터 나타난다. 어린아이들은 함께 놀 때 장난감을 갖고 씨름하며 정당함을 요구한다. 조금 크면 우리는 스포츠 심판의 결정이나 선생님의 채점이나 부모의 선택에 대해 의문을 제기한다. 그 후 우리는 더 넓은 세상을 바라보며 공정하게 행하지 않는 회사와 국가들을 발견한다. 영화들은 철저한 부당함에 대해 다양한 이야기를 풀어내고, 우리는 그런 부당함을 우리의 관계들 속에서도 발견한다. 정의와 공정함에 대한 추구는 주변 모든 곳에서 발견된다.

하지만 이는 우리의 손가락 사이로 다 빠져나가 버린다. 얼마나 교육을 받았든지 얼마나 민주적이든지 얼마나 법을 준수하든지 상관없이, 정의가 이 세상에 도달하지 않았다는 느낌은 어느 때보다 더 뚜렷하다. 어쩌면 앞으로도 결코 오지 않을지 모른다.

우리는 한 목소리의 메아리를 듣는다. 톰은 이렇게나 바라지만 도래하지 않는 현실에 반응하는 세 가지 선택지를 제안한다. 첫 번째는 냉소주의자가 되는 것이다. 모든 것이 그저 꿈일 뿐이다. 실체는 없다. 젊고 경험이 부족한 사람들은 정의를 찾아 나설지 모른다. 하지만 나이가 들수록 정의가 꿈에 지나지 않음을 더 잘 알게 된다. 그러니 꿈에서 깨어 현실에 대처하는 편이 낫다. 이 첫 번째 선택지는 냉소주의자가 되어 메아리를 비웃는 것이다.

두 번째는 도피주의자의 비전을 갖는 것이다. 모든 사람들의 내면에 정의를 향한 염원이 심겨 있다 하더라도, 정의를 어떻게 얻는지 아는 사람이 아무도 없다면 이는 그저 딴 세상의 이야기일지 모른다. 어쩌면 이 세상에선 불공정함을 그저 견뎌 내고 머지않은 언젠가 새로운 단계에 도달하길 소망해야 하는지 모른다. 그때 문제가 풀릴 것이다. 두 번째 선택지는 꿈의 나라, 유토피아를 희망하는 곳으로 우리를 이끈다.

세 번째는 이 염원과 그것이 성취되지 못함이 다른 어딘가로부터 들려오는 목소리라고 보는 것이다. 누군가 우리에게 이야기하고 있다. 우리 안에 비치는 어떤 형상이 있다. 바로 그 때문에 우리는 이 부인할 수 없는 염원을 갖고 있다. 그 염원은 이 세상을 위한 것이지만 이를 실현시키기 위해서는 이 목소리가 무언가를 더해 주어야 한다.

기독교 이야기는 스스로 하나님과 세상에 대한 참된 이야기라고 주장한다. 마찬가지로 기독교 이야기는 그 자체로 자기가 그 목소리, 즉 우리가 정의를 추구하고 영성을 탐색하고 관계를 염원하고 아름다움을 흠모하는 가운데 듣게 되는 메아리들의 원래 목소리라고 설명한다. 이 메아리들 중 어떤 것도 홀로 직접 하나님을 가리키진 않는다. 기독교의 하나님은 차치하고 그 어떤 신도 가리키지 않는다. 마치 동굴 안에서 메아리치는 목소리를 듣지만 그것이 어디로부터 들려오는지 전혀 알지 못하는 사람처럼, 기껏해야 대략적인 방향을 향해 손을 흔들 뿐이다.[66]

어떻게든 우리는 그 목소리를 듣기는 한다. 그 목소리는 우리를 누군가와 연결시켜 준다. 우리가 놓친 퍼즐 조각은 그 누군가를 찾고 그가 이 염원에 대해 뭐라 이야기하는지 듣는 것이다.

또한 우리는 이 세상에서 정의뿐 아니라 다른 것들도 염원한다.

아름다움을 향한 염원

불완전한 걸작

두 번째 메아리는 아름다움에 대한 욕구다. 아름다움은 우리를 매료시키지만 오래가지 않는다. 마치 위대한 작곡가의 미완성 작품과 같다. 우리를 감동시키는 무언가가 있지만 우리는 이보다 더 많은 것을 갈망한다.

모든 영혼은 아름다움과 연결되어 있다. 우리는 석양이나 절경을 볼 때, 또는 예상치 못한 장소에서 대칭을 발견할 때 경탄한다. 시간이 천천히 흐르고 우리는 잠시 그 자리에 머무른다. 인스타그램은 이렇게 포착한 아름다움을 담고 기억하고자 하는 열망으로 가득 차 있다. 하지만 이런 아름다움은 금방 사라진다.

톰은 다락방을 뒤지다 무언가 마구 적힌 종이 한 장을 발견하는 이야기를 예로 든다. 이 종이는 낡아 보이고 악보가 적힌 듯하다. 자세히 살펴보니 피아노 악보다. 연주해 보니 너무나 충격적이다. 아름다운 음악이다.

하지만 악보 전체를 찾을 수는 없다. 이 악보는 불완전하다. 다른 악기도 함께 연주해야 한다는 표시가 있지만 그 부분의 악보는 없다. 어쩌면 아직 발견되지 않은 모차르트의 작품일지 모를 정도로 위대한 천재성을 드러낸다. 숨이 멎을 정도다. 그러나 불완전하다.

아름다움은 우리 내면의 무언가를 건드린다. 만족시킨다. 그러나 우리는 그 만족감을 담아 둘 수 없다. '만족하지만 여전히 염원한다.' 아름다움은 그 너머에 있는 목소리를 가리킨다. 이는 모든 사람들이 염원하는 것이다. 모든 사람들이 이해하는 것이다. 그리고 아무도 완전히 이해하거나 담지 못하는 것이다.

정의와 아름다움에 더해, 우리가 영 이해할 수 없는 인간적 요소가 하나 있다.

관계를 갈망함

세 번째 메아리는 관계에 대한 탐색이다. 이는 에덴동산에서 하나님이 아담을 부르신 데서 시작되었다. 관계는 삼위일체에 뿌리내려 있다.

관계에 대한 갈망은 세상 모든 사람들에게 울리는 메아리다. 내성적인 사람들조차 관계를, 누군가를 알기를, 누군가에게 알려지기를 원하고 필요로 한다. 우리는 어려서부터 관계를 맺고 탐색하고 유대를 형성한다. 우리는 서로를 위해 만들어졌다. 관계가 괜찮을 때 우리는 인간됨을 온전히 느낀다. 더 커다란 현실에 우리가 속해 있음을 본능적으로 안다.

함께할 사람을 바라는 갈망은 성경 도입부를 가리킨다. 거기서 인간은 하나님의 형상으로 창조되고, 하나님은 "남자가 혼자 있는 것이 좋지 않"다고 말씀하신다. 그래서 하나님은 그와 함께 할 동반자를 창조하신다.

조금 후에 하나님의 목소리가 세상 속에 울려 퍼진다. "네가 어디 있느냐?" 하나님이 몸소 관계를 추구하신다. 이를 우리도 내면 깊이 지니고 있다. 이는 삼위일체를 반영한다.

하지만 이 염원 또한 좌절된 채로 남아 있다. 우리는 관계 맺을 사람들을 찾기도 하지만 대부분 관계들에는 기쁨과 슬픔이, 축복과 아픔이 뒤섞여 있다. 우리는 그래서 어느 수준에서는 관계를 맺고 또 다른 수준에서는 외로이 지내는 어중간한 상태로 자신을 조정한다.

우리 모두 우리가 공동체에 속했음을 알고, 우리가 사회적 존재로 창조되었음을 안다. 그러나 문을 쾅 닫아 버리고 홀로 어둠 속으로 쿵쾅거리며 들어가 버리고 싶은 순간들이 많이 있고, 그러면서도 우리가 속한 곳은 더 이상 없다고, 누군가 우리를 불쌍히 여겨 주고 구조해 주고 위로해 주길 바란다고 말한다. 우리가 관계 속에서 살아가는 존재임을 우리 모두 알지만, 그 관계를 제대로 맺는 방법은 잘 알아내지 못한다.[67]

이 메아리는 연결될 누군가의 목소리가 필요하다. 누군가 우리 세상으로 들어와서 우리가 냉소주의자나 도피주의자가 되지 않도록 막아 주어야 한다.
마지막 메아리는 우리가 가장 열렬히 이 목소리를 찾도록 만든다.

의미를 탐색함

샘

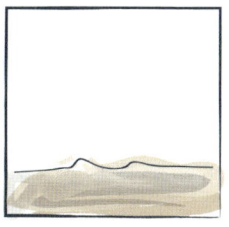
콘크리트

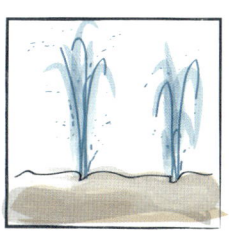
터져 나옴

네 번째 메아리는 영성을 향한 탐험이다. 이것은 거침없이 샘이 솟아 나오는 땅과 같다. 모든 사람들이 더 큰 의미를 염원한다. 서양 합리주의는 이 위에 회반죽을 발라 가둬 놓으려 하지만, 이 염원은 계속 끓어오른다. 우리에겐 의미와 목적이 필요하다.

어떤 한 나라가 있는데, 샘들이 온 사방에서 터져 나와 맑은 물로 그 나라 곳곳을 뒤덮어 버렸다고 상상해 보자. 그러자 통치자가 명령을 내려 땅을 다 굳혀 버리려 한다. 땅을 평평히 만들어 그 위에 콘크리트를 붓는다. 한때 맑은 물이 솟던 샘은 이제 모퉁이가 뚜렷한 기능적 공간이 된다.

이런 상태가 십 년 이십 년 지속된다. 표면 밑에서 샘물은 계속 솟아나고 그 힘도 강해진다. 그러던 어느 날 샘물은 콘크리트를 뚫고 터져 나온다. 공무원들이 달려와 이를 메우고, 바라지 않던 물은 없앤다. 이내 콘크리트가 다른 곳에서도 터진다. 또 다른 곳에서도 터진다. 이를 막으려는 공무원들의 열망에도 불구하고 나라 전역에 샘물이 터져 나오게 된다.

영성에 대한 우리의 열망도 이와 같다. 우리는 의미를 탐색한다.

우리의 삶을 연결 지을 수 있는 더 큰 이야기를 원한다. 우리 문화는 종교를 과학으로 대체하려 하고, 공공 담론은 감정적·영적 설명을 멀리하지만 의미를 향한 열망을 계속 가두어 놓을 수는 없다. 영성은 인간의 마음속에 숨어 끓어오르는 샘과 같다. 이해를 향한 염원, 숫자와 공식 너머에 있는 그 무언가를 향한 염원이 인간 본성을 깊이 휘젓는다. 어떤 목소리의 메아리다.

이는 이 모든 메아리들을 연결시켜 줄 방법으로 우리를 이끈다.

하늘과 땅이 결혼할 것이다

하나님과 우리가 관련되는 세 가지 방식

하나님이 우리 세상과 어떤 관련이 있으신지 설명하는 세 가지 방식이 있다. 범신론은 모든 것에서 하나님을 본다. 이신론은 하나님이 우리의 현실과는·분리되어 멀리 떨어져 계신다고 본다. 유대인과 그리스도인은 하나님이 우리와 분리되어 계시되 우리의 현실과 맞물려 계신다고 본다.

이 모든 불완전함은 우리를 우울하게 만든다. 그렇게 그저 바라고 있을 뿐이다. 그렇다면 우린 어떻게 해야 한단 말인가? 인생에서 대부분의 것들이 갈망해도 손에 넣을 수 없는 것이라고 느껴진다면 어떻게 해야 할까? 냉소주의와 도피주의가 진짜 대안처럼 들린다. 사람들이 왜 그런 길을 택하는지도 이해할 만하다.

이 선택지들 뒤에 놓여 있는 것들이 무엇인지 자세히 들여다본다면, 조금 정리가 될지도 모르겠다. 톰은 『톰 라이트와 함께하는 기독교 여행』의 "하나님"이란 장에서 이것을 보는 세 가지 방법을 제시해 준다. 그는 하나님이 우리 세상과 어떤 관련이 있으신지 생각해 보라고 청한다.

첫 번째 선택지는 모든 것에 하나님이 계시다는 것이다. 범신론 학파가 이를 설명한다. 스토아철학은 이 관점의 한 갈래다. 물질과 사물은 하나님으로 가득 차 있다. 이 말이 어떤 사람들에겐 매력적일지 모르지만, 악을 다루는 데는 문제가 있어 오늘날엔 별로 지지받지 못한다. 오래전 문화에서는 사람들이 제사를 드리고, 날씨나 운명이 보내는 신호를 읽어 모든 것 안에 존재하시는 하나님과 평화롭게 지낼 방법을 모색했다. 현대 물질주의에서 이 선택지는 대부분 사람들의 생각에서 밀려났다.

두 번째 선택지는 하나님을 인간사와 분리시킨다. 이것은 기본적으로 이신론의 비전(톰의 작품에 에피쿠로스주의라 나오는 것)이다. 하나님과 우리 사이엔 깊은 틈이 존재한다. 세상은 자연법칙과 인간 행위의 결과를 통해 돌아간다. 이게 오늘날 세상에서 가장 보편적인 생각인 듯하다. 문화 전반에서도 그렇고 교회 안에서도 그렇다.

이 두 가지 선택지는 메아리를 다루는 데 있어서 냉소주의나 도피주의로 흐르는 경향을 만든다. 우리는 이 네 가지 메아리를 우스운 농담이라 말하며 냉소주의자가 되거나, 이 땅은 어떤 것도 성취될 수 없는 곳이라고 판단하여 그저 사후의 삶만을 갈망하게 된다. 만약 관계들이 계속 불완전한 채로 남는다면, 지금은 우리의 기대치를 낮춰야 할 때이거나, 할 수 있는 만큼 이 관계를 활용해야 하는 때다. 그리고 이야기도 그렇게 흘러간다.

그러나 세 번째 선택지가 있는데, 그게 우리가 나아가야 할 최선의 방향일지 모른다. 하나님과 세상의 관계에 대한 유대교의 이해는 완전히 다른 역학을 지녔다. 바로 하늘과 땅이 서로 연결되었다는 것이다. 하늘과 땅은 서로 분리되지 않고 여러 면에서 맞닿아 있다.

고대 이스라엘 사람들과 초기 그리스도인들에게 세상의 창조는 하나님이 강력한 사랑을 값없이 쏟아부으신 것이었다. 유일하시고 참되신 하나님이 세상을 만드시고, 그 세상과 더불어 가깝고 역동적이며 친밀한 관계를 맺으신다. 그러면서도 하나님은 어떤 방식으로도 세상 안에 제한되시거나 세상을 그분 안에 가두어 두지 않으신다.[68]

하나님은 그분의 창조 세계와 연결되어 계신다. 현실에서 하늘은 하나님의 차원이고 땅은 인간의 차원이다. 이 둘은 서로 겹치고 맞물려 있다. 성전은 하늘과 땅이 만나는 장소다. 앞서 살펴보았듯이 예수님은 성전을 그분 자신과 연결시키시며, 행하시는 하나님인 성령을 모든 이들에게 약속하신다. 바울은 그리스도인을 하나님의 성전이라 부른다. 하늘과 땅이 맞닿은 곳이다.

이 세 번째 선택지 안에서 메아리들은 우리를 목소리와 연결시켜 준다. 정의는 하나님의 행위와 함께 그분의 심판 안에서 실현되어 모든 것을 바로잡는다. 아름다움은 미래를 가리키는 표지다. "현세의 모든 아름다움들은 강화되고 고결해질 것이며, 현재 이를 타락시키고 훼손시키는 것들로부터 자유로워질 것이다. 그러면 그 후

엔 더 큰 아름다움이 나타날 것인데, 지금 우리가 알고 있는 아름다움은 바로 이 아름다움을 미리 가리키는 이정표일 뿐이다."[69] 성령을 통해 우리는 우리 이웃 및 모든 피조물과 맺을 새로운 형태의 관계를 제시받는다. 영성을 향한 우리의 탐구는 하늘과 땅이 서로 만날 때, 그러니까 우리가 하나님의 창조 안에서 우리의 목적을 발견할 때 응답받는다.

메아리들에 대한 답은 하나님이 예수님 안에서 하신 일 가운데 있다. 예수님이 하늘과 땅을 한데 모으셨기 때문에 우리는 우리가 들었던 메아리들의 목소리를 내는 주인을 마주하게 된다.

하늘과 땅이 맞물림

맞물림의 세 차원

시간 / 공간 / 물질

하늘과 땅이 맞물린다. 시간과 공간과 물질은 우리가 살아가는 삶의 세 가지 차원이다. 성경은 어떻게 예수님 안에서 하늘이 시간과 공간과 물질과 맞물리게 되는지 이야기한다.

이제 앞서 살펴보았던 차원들이 중첩되어 있다는 이야기를 다시 해 보자. 시간과 공간과 물질 속에서 일어나는 일은 이제부터 하늘과 땅이 어떻게 연결될 것인지 보여 준다. 예수님은 이 중첩을 촉발시키셨고, 우리는 지금 이 시점부터 계속해서 그것을 누리게 된다.

> 하나님의 시간과 우리의 시간이 서로 겹치고 교차한다. 하나님의 공간과 우리의 공간이 겹쳐 맞물리며, 심지어 하나님이 창조하신 순전히 물질적인 세상에까지(이것은 물론 정말로 놀라운 일이다) 하나님 자신의 삶과 사랑과 영광이 스며들고, 가득 퍼지고, 넘쳐흐른다.[70]

이것은 그분의 영광으로 세상을 가득 채우시려는 하나님의 계획과 목적을 이야기해 준다. 만약 하늘과 땅 사이에 깊은 틈이 있다고 생각한다면, 우리는 이 역학을 놓치게 된다. 일단 하늘과 땅이 연결되었음을 깨닫게 되면 하늘의 삶은 더욱 실제적이게 된다. 하늘은 우리의 삶과 연결되어 있다. 아마겟돈 이후까지 기다릴 필요도 없다. 하나님은 모든 것 가운데 임하시기 위해서, "그분의 영광과 사랑으로 세상을 채우시고, 모든 것을 변화시키시며, 모든 것을 바로잡으시고, 그분의 강력한 사랑으로 모든 것을 치유하시기 위해서" 하늘과 땅을 온전히 연결할 계획을 세우셨다.[71]

참으로 우리는 두 시대 사이에 살고 있다. 어떤 일이 시작되었다. 이미 하늘은 땅과 맞닿았으며, 이로써 우리는 하늘과 땅이 마침내 연합되는 것을 실제로 맛보게 되었다. 하나님은 예수님 안에서 하신 일을 언젠가 모든 사람을 위해 행하실 것이다.

예수님은 치유하기 위해 오셨다. 예수님은 구원하기 위해 오셨다. 예수님은 심판하기 위해 오셨다. 그리고 언젠가 모든 것이 그 영향을 받을 것이다.

이 영화는 어떻게 끝나는가

함께 연합하여―성경 이야기의 마지막 장면. 하늘과 땅이 마침내 완전히 연합한다.

모든 영화에는 마지막 장면이 있다. 톰은 성경이 이야기로 되었음을 분명하고 확실하게 상기시켜 준다. 우리는 이 이야기의 일부가 되어야 한다. 그리고 우리는 이야기가 어떻게 끝나는지 안다. 요한계시록 21장에는 우리 이야기의 마지막 장면이 나와 있다.

성경에서 하늘은 미래의 운명이 아니라 우리 일상생활의 또 다른 숨겨진 차원이다. 이를테면 하나님의 차원이다. 하나님은 하늘과 땅을 만드셨다. 마지막에 하나님은 둘 모두를 다시 만드셔서 영원토록 연합시키실 것이다. 요한계시록 21-22장에 나온 실제 마지막 모습을 보면, 구속받은 영혼들이 몸 없이 사는 하늘나라로 떠나는 게 아니라 하늘로부터 땅으로 새 예루살렘이 내려와서 하늘과 땅을 영원토록 하나되게 한다.[72]

하늘과 땅의 결혼, 이것이 바로 역사의 결말이다.

이 전체 프로젝트의 목적이 요한계시록 21장과 22장에 묘사되어 있다. 성경의 하나님은 그분의 창조 세계를 버리지도 파괴하지도 않으신다.…초기 기독교의 핵심은 나사렛 예수 안에서 창조주 하나님이 현재 창조 세계의 반역과 부패를, 특히 이 창조 세계를 책임져야 하는 인간들의 반역과 부패를 해결하셨다는 믿음, 그리고 그 창조주 하나님이 그분의 원래 의도가 마침내 성취되는 새롭고 살아 있는 창조 세계로 들어갈 수 있는 새롭고 살아 있는 길을 예수님 안에서 여셨다는 믿음이었다.[73]

무슨 일이 일어나고 있는지 보라. 하늘이 마침내 땅과 연합했다. 이 둘은 이제 완전히 겹쳐진다. 하나님의 영역과 우리의 영역이 하나가 되었다.

이것이야말로 완전한 회복의 순간이다. 우리 창조 세계의 모든 낡은 면들이 삼켜진다. 우리가 사는 오늘날의 타락과 부패가 영원히 사라진다. 하나님이 통치하신다. 온 세상을 통치하신다.

하늘과 땅을 잇기

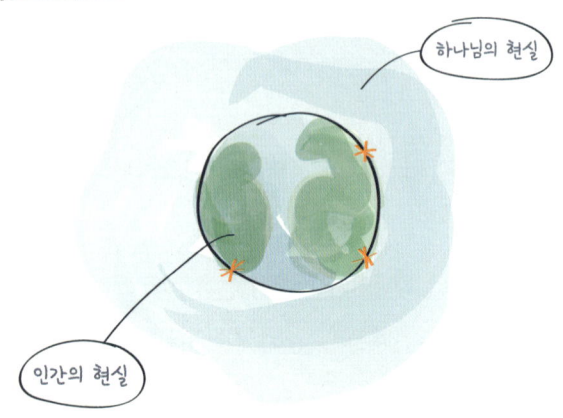

땅은 우리의 현실이고, 하늘은 같은 현실에서 하나님의 차원이다. 성경의 메시지는 이 두 차원들이 서로 닿아 맞물린다는 것이다. 언젠가 이 맞물림은 완전해질 것이고 마침내 완성될 것이다.

우리는 하나님이 이렇게 최종적으로 역사하실 것을 기다린다. 우리는 예수님 안에서 일어난 일로 인해 이를 확신할 수 있다. 우리는 이미 이 일의 일부 측면들을 경험한다. 그리고 이것은 우리의 소망이 나아갈 힘을 불어넣는다.

이것이 사후의 삶이다:
죽은 자가 일어날 것이며 땅은 원래 의도대로 될 것이다

소망에 대한 혼동된 관점들

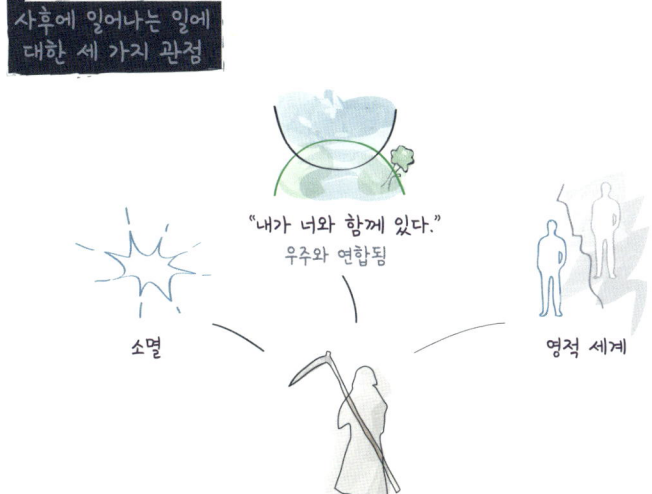

죽음에 대한 현대적 관점: 삶이 완전히 끝나 버림, 또는 낭만적으로 만물과 융합됨, 또는 영적 세계. 이런 관점들은 어떤 진지한 사상보다는 할리우드의 영향으로 생겨난 것이다.

가장 많이 팔린 톰의 책 제목은 『마침내 드러난 하나님 나라』다. 이 책은 죽음 이후의 삶과 이 세상의 마지막을 다룬다. 그는 이 책에서 우리 시대에 힘을 불어넣고 우리를 이끌어 가는 소망을 살펴본다. 소망은 세상을 움직이게 하고 기독교 세계관의 중심 부분을 형성한다. 하지만 세상과 주류 그리스도인 모두가 잘못된 소망을 갖고 있다고 톰은 말한다.

먼저 세상을 보자. 우리 시대의 세속적 사람들은 궁극적 운명에 대해 어떤 관점도 전혀 갖고 있지 않다. 사후의 삶이 어떨 것 같은지 물어보면 보통 세 가지 답변을 한다. 첫째는 그저 영혼이 더는 존재하지 않게 될 것이라는 답이다. 소멸이다. 게임 오버다. 아무것도 없다. 둘째 답변은 일종의 '이동하는 영혼'이다. 죽은 사람이 어떤 식으로 물질을 통과해 떠다니다가 때때로 자기 모습을 드러낸다. 이것은 할리우드의 영향을 크게 받은 듯한 관점으로, 시간과 공간에 어떤 실제 연결도 없다며 부정한다. 셋째는 나머지 모든 것과 융합된다는 식의 답변이다. "내가 너와 언제나 함께 있어"라는 말은 이 이론을 대략 요약해 주는 말로, 죽은 자들은 어떻게든 주위에 머무른다. 이들의 눈은 우리를 지켜보고 있다.

세상 사람 대부분이 취하는 명확한 한 가지 관점은 없다.

오늘날 그리스도인들 대부분도 이것들과 비슷한 관점을 갖고 있다. 죽은 영혼들이 휙 들어올려져서 (하나님과 관련된) '빛'을 향해 나아간다. 이 영혼들은 유령 같은 형태로 떠다니다가 일종의 낙원으로 떠날 것이다. 새 예루살렘이 기다리고 있는데, 대개 이곳은 현재의 현실과는 매우 다른 장소다.

이런 묘사는 성경이 말하는 바와 맞지 않다고 톰은 말한다. "하나님의 회복적 정의와 치유적 평화의 통치는 이 세상을 위한 것이지, 다른 세상들을 위한 것이 아니다."[74]

어찌된 일인지 우리 그리스도인들은 이 지구가 두 쪽으로 갈라

구원

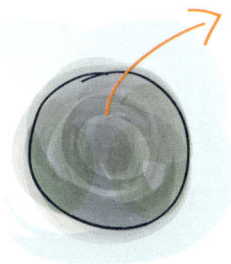

우리가 구원받아 나오는 어둠의 세계

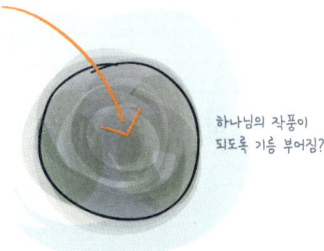

우리가 구원받은 이유인 어둠의 세계
하나님의 작품이 되도록 기름 부어짐

세상에서 구원받아 나오는가, 세상을 위해 구원받는가? 많은 이들은 세상이 어둡고 부패한 장소이며 우리가 구출되어 나와야 할 곳이라고 가정한다. 신약성경은 우리가 어떤 목적을 위해 구원받았다고 말하는데, 곧 이 세상에서 하나님의 디자인대로 삶을 살아가는 것이다.

져 파괴되고 그리스도인들은 꿈꿔 왔던 행복한 나라로 간다는 식의 가정에 따라 준비되어 왔다. 이 세상이 (새롭게 되어서) 지속될 것이라는 개념은 사람들을 놀라게 한다. 새로운 세상에도 뉴욕시가 있을 것이라는 말은 마치 오이를 주제로 성경 공부를 하자는 말처럼 이해가 되지 않는다. 완전히 정상에서 벗어난 것처럼 들린다.

왜 그 세상이 현재와 매우 비슷할 것인지(또한 뉴욕시가 있을 것인지) 세 가지 이유를 살펴보자. 첫 번째는 하나님이 세상을 만드시고, 좋다고 말씀하셨기 때문이다. 예언서들은 "바다에 물이 가득하듯이, 주의 영광을 아는 지식이 땅 위에 가득할 것"이라고 말한다(합 2:14). 더 이상 세상을 (노아 때와 같이) 없애지 않으시고 견고히 세우실 것이라는 약속이 많이 있다.

두 번째는 하나님의 통치가 이 땅에 임하기를 기도하라고 우리가 배웠기 때문이다. 우리가 사는 동안 이 땅에 임할 하나님 나라를 위해 기도했는데 갑자기 하나님이 우리를 보시고 "시도는 좋았어. 하지만 내가 말한 진짜 나라는 다른 곳이란다"라고 말씀하신다면 얼마나 이상할까. 그러나 이야기는 새 예루살렘이 이 땅에 임하는 쪽으로 흘러간다.

세 번째는 하나님이 구속 사업을 운영하시기 때문이다. 예수님은 사람들과 세상을 구속하시기 위해 오셨다. 바울은 "피조물은 하나님의 자녀들이 나타나기를 간절히 기다리고 있"으며 이는 "곧 피조물도 썩어짐의 종살이에서 해방되"기 위해서라는 사실을 지적한다(롬 8:19-21). 하나님이 피조물을 구원하시는데, 어째서 우리는 머릿속에 그분을 엄청난 파괴자로 그린단 말인가? 하나님은 이루지 못할 일이 없으신 분이다.

톰은 훌륭한 예시를 또 하나 들어 설명한다.

이는 마치 미국 대통령이 당신의 집에 머무르려 한다는 편지를 받았는데, 당신이 너무 흥분한 나머지 편지를 잘못 읽고 그가 당신을 백악관에 초대했다고 가정해 버리는 것과 같다.[75]

우리의 소망은 잘못되었다. 이 세상이 지나가길 기다리는 것은 잘못된 기대다. 성경은 하나님의 선한 창조 세계가 회복될 것이라 말한다. 우리도 이 흐름에 참여해야 한다.

방향은 중요하다

그분이 시간과 공간 속으로 오신다.

미국 대통령 → 우리 집

미국 대통령이 당신을 방문하기 원한다고, 그리고 당신이 너무 흥분한 나머지 백악관으로 떠난다고 상상해 보라. 누가 누구를 방문하는지는 실로 중요하다. 하나님이 이 땅에 오셨다. 그리고 다시 돌아오실 것이다.

이제 우리의 삶과 우리가 마지막에 도달할 곳을 살펴보자.

죽음 후의 삶 후의 삶

죽음 뒤의 두 단계

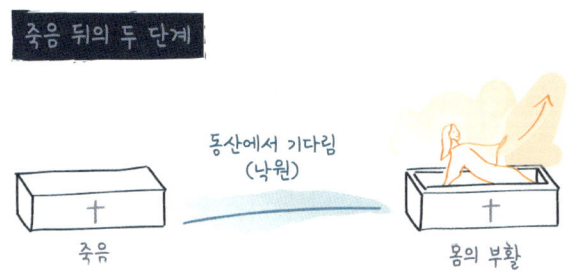

죽음 — 동산에서 기다림 (낙원) — 몸의 부활

죽음 뒤 삶에는 두 단계가 있다. (때로 낙원이라 불리는) 동산에서 기다리는 것, 그 후에 새 삶을 위해 몸이 부활하는 것.

그렇다면, 그리스도인의 성경적 소망은 무엇인가? 톰은 이 질문에 대해 다루는 『마침내 드러난 하나님 나라』를 썼는데, 그 중심 내용은 이렇다.

초기 그리스도인들은 미래에 대해 두 단계의 믿음을 굳게 붙들었다. 먼저 죽음을, 그리고 무엇이 되었든 죽음 직후에 있는 것을 믿었다. 그다음으로, 다시 새롭게 만들어진 세상 가운데 새 몸으로 존재할 것을 믿었다.[76]

톰이 보기에 죽음 이후의 삶이라는 개념은 아직 불완전하다. 죽음 이후에는 중간 단계의 기간이 오는데, 어떤 이들은 이를 낙원이라고도 하고 동산이라고도 하며 잠들어 있는 것이라고도 한다. 이 일이 정확히 어떻게 일어나고 누가 어디로 가는지는 확실하지 않다.

우리는 모든 것을 휩쓸 '주의 날'이 오리라는 사실은 확실히 안다. 바로 예수님의 재림이다. 이때 죽은 자들은 몸과 함께 다시 살아날 것이다. 이 살아난 자들이 어떤 나이일지 어떤 형태일지 정확히 어떤 특징을 지닐지에 대해선 논의된 적이 없지만, 사람들은 대개 정상적 삶과 다소 비슷한 모습일 것이라고 믿는다. 예수님만 봐도 알 수 있지 않은가. 예수님은 부활하신 후에 고질라 또는 날개 달린 천사처럼 돌아다니지 않으셨다. 사람들은 그분을 정원사나 다른 사람으로 착각했다. 예수님은 음식을 드셨고, 손에는 못자국도 있었고, 그 밖에 다른 특징들도 있었다.

또한 이 부활은 지구상에서 일어날 것이다. 허드슨강도 있을 것이고 알프스산맥도 있을 것이다. 이 행성은 계속 존재할 것이다. 우리 몸이 그러할 것처럼, 행성도 현재와 비슷하면서도 새로워진 모습일 것이다. 종살이에서 해방될 것이다. 창조 세계 자체가 출애굽을 경험하고 포로 생활로부터 귀향할 것이다.

신약성경에 등장하는 교회들은 분명 시간과 공간으로 구성된 우주가 산산조각 날 것이라 예상하지 않았다. 바울은 마지막 날이 지금이라고 말하는 자들의 편지나 정보를 받지 말라고 교회들에게 다음과 같이 경고했다.

영적 영향력을 통해서든 어떤 말을 통해서든 우리에게서 왔다는 편지를 통해서든, 주의 날이 벌써 왔다고 하는 말에 갑자기 생각의 갈피를 잃고 동요하지 마십시오. (살후 2:2)

깨끗해진 지구 위에서 부활한 몸으로 사는 것, 이것이 바로 죽음 후의 삶 후의 삶이다.

미래의 예고편처럼

앞으로의 이야기 내다보기

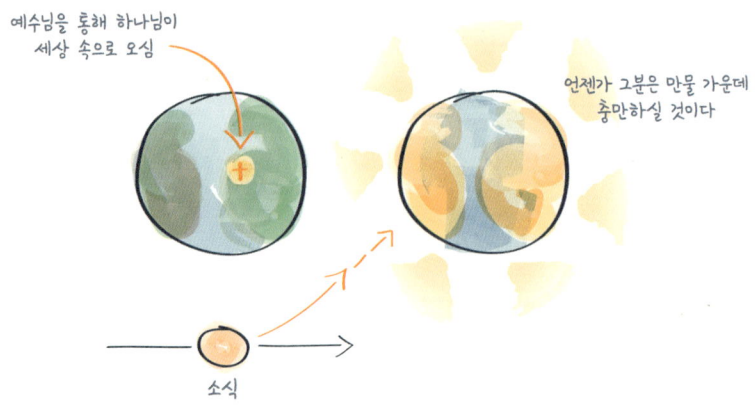

예수님의 부활은 왜 그렇게나 대단한 소식인가? 하나님이 예수님 안에서 시작하신 일은 온 세상에 참되게 이루어질 것이다. 예수님 안에서 회복이 시작됐다. 그분과 함께 시작된 일은 언젠가 모든 것들 위에 일어날 것이다.

깨끗해진 세상은 어떤 모습일까? 시적 예언서인 시편과 이사야서를 떠올려 본다. 묵시 문헌인 다니엘서와 요한계시록을 살펴본다. 또 복음서와 바울 서신 안에서 이를 가리키는 부분을 읽는다. 모든 자세한 세부사항들을 알 수 없다는 사실은 분명하다. 그 세상은 다를 것이고, 또한 현재와 비슷할 것이다. 예수님의 삶과 행위는 우리의 최종 운명을 가리킨다. 하나님은 예수님 안에서 하신 일을 온 세상에 행하실 것이다. 모든 곳에 하나님이 임재하실 것이다.

성경 여러 부분에서 창조의 분위기를 느낄 수 있다. 이사야서와 시편, 예레미야서와 아모스서는 '주의 날'을 생생한 언어로 표현한다. 만물이 바로잡히고 하나님이 다시 오시면 창조 세계가 기뻐 뛴다. 만물이 함께할 것이다. 산과 강이, 바다와 나무가, 들판과 하늘이 말이다.

> 하늘은 즐거워하고, 땅은 기뻐 외치며,
>> 바다와 거기에 가득 찬 것들도 다 크게 외쳐라.
> 들과 거기에 있는 모든 것도 다 기뻐하며 뛰어라.
>> 그러면 숲 속의 나무들도 모두 즐거이 노래할 것이다.
> [주님 앞에 만물이 노래할 것이다.]
>> 주님이 오실 것이니….[77]

> 바다와 거기에 가득 찬 것들과 세계와 거기에 살고 있는 것들도
>> 뇌성 치듯 큰소리로 환호하여라.
> 강들도 손뼉을 치고,
>> 산들도 함께 큰소리로 환호성을 올려라.[78]

하지만 이렇게 하나님의 사랑이 만물을 덮은 후에도 이야기는 끝나지 않고 더 진행된다. 모든 것이 깔끔하게 마무리됐다고 생각할 때 우리는 다음 구절을 읽게 된다(계 22:1-2).

> 그때 그 천사가 내게 생명수의 강을 보여 주었습니다. 그 강은 수정같

이 반짝거렸고, 하나님과 어린 양의 보좌에서 흘러나와, 도성의 거리 중앙을 관통했습니다. 양편 강둑에서 생명나무가 자라고 있었습니다. 생명나무는 열두 종류의 열매를 맺는데, 매달 열매를 맺었습니다. 또 생명나무의 잎사귀는 민족들을 치료하는 데 사용됩니다.

만물을 채우시는 하나님이 치유의 자리를 남겨 두실 것이다. 어떤 식으로든, 이 프로젝트는 끝나지 않고 계속 진행된다. 따라서….

우리가 한 일은 헛되지 않았다

행위는 미래까지 지속된다

하나님 나라를 위해 일하기

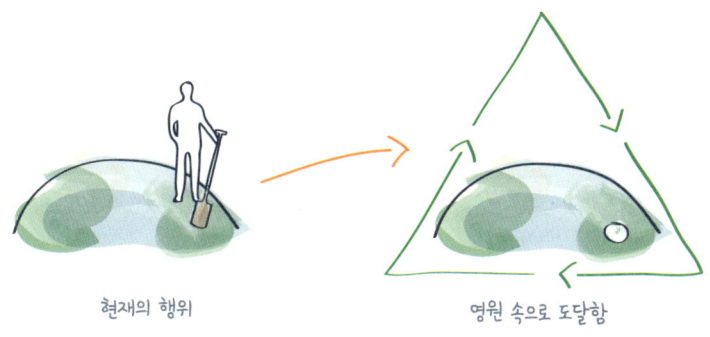

현재의 행위 → 영원 속으로 도달함

우리가 지금 하는 일은 어떤 식으로 영원 속에 도달한다. 하나님 나라를 위한 우리의 행위는 하나님의 새 세상에 나타날 것이다.

그리스도인으로서 우리는 이미 새 창조에 참여하고 있다. 우리는 하나님과 교제함으로써 회복되었고, 그분의 형상 안에서 새롭게 되었다. 이처럼 우리는 하나님 나라에서 살며 온 창조 세계에 하나님의 형상을 비춘다. 지금 시작된다. 하나님의 나라는 이곳에 있다. 또한 하나님 나라는 이 모든 과정이 협력하여 이루어진다는 의미다. 지금부터 시작해서, 영원토록 지속된다.

하나님 나라의 '지금 그리고 아직은 아닌' 면은 우리에게 과업을 준다. 통치하는 일이다. 디모데후서 2장 12절이나 고린도전서 6장 2절에 나오는 그 특이한 구절들은 우리가 삶에서 해야 할 역할을 가리킨다. 인간은 하나님의 자리에 서서 청지기로서 통치한다. 이는 하나님이 모든 것 가운데 충만하실 그때를 위해, 우리가 피조물을 돌보는 가운데 하나님의 영광을 함께 나누어 가질 그때를 위해 우리를 준비시켜 준다. 우리가 지금 배우는 것들은 우리가 앞으로 영원히 해야 할 일들을 가능하게 해 줄 것이다.

영광은 이 일에 참여하는 인간과 전혀 상관없는 일이 아니며, 인간이 그저 응시하도록 허락된 그런 것이 아니다.…"하나님의 영광을 희망하며 기뻐"하는 것은 하나님의 영광을 '나누어 갖는다'는 식으로 볼 수도 있으나(롬 5:2), 이를 제대로 이해하기 위해선 유대인의 소망을 단순화해서 오늘날 사람들이 오해하듯 '영광'을 '천국'의 동의어로 부정확하게 간주하지 않는 게 중요하다. 바울은 피조물이 새롭게 되고 회복하는 데 대해, 이 목적을 위한 인간의 역할 즉 성령이 내주하여 역사하시는 인간의 역할에 대해 이야기한다. 메시아는 시편 2편이 약속하듯이 온 세상을 "유산으로" 받을 것이다.…또한 메시아의 백성, 아브라함의 온전한 자손은 이 상속에 함께 참여할 것인데, 이는 하나님의 영이 그들에게 내주하셔서 창조주가 태초부터 자기 형상을 지닌 인간 피조물들을 향해 갖고 계셨던 의도를 그들이 성취하도록 하시기 때문이다.[79]

사람이 심판받고 치유된다는 것은 이 세상에서 하나님의 통치에 참여한다는 원래 목적을 위해 다시 세워진다는 의미다. 우리의 현재 임무는 배우는 것마저도 넘어서서 이 시대를 지나 지속될 가치 있는 일을 하라고 요청한다.

그림을 그리는 일이든 설교든 노래 부르는 일이든, 바느질이든, 기도든, 가르치는 일이든, 병원 건설이든, 우물 파는 일이든, 정의를 위한 캠페인이든, 시를 쓰는 일이든, 가난한 사람을 돌보는 일이든, 이웃을 여러분 몸처럼 사랑하는 일이든 현재 당신이 하는 일은 하나님의 미래 속으로까지 지속될 것이다. 이런 활동들은 우리가 이 모든 걸 그만해도 되는 그날이 올 때까지 그저 현재의 삶을 조금 덜 잔인하게, 조금 더 참을 만하게 만들어 주는 방법이 아니다.…이런 일들은 '하나님 나라 건설'이라 부를 수 있는 작업의 일부다.[80]

현재 여기서 우리가 하는 일은 우리가 영원을 준비하는 데 영향을 미치며 미래 시대의 어떤 면들을 미리 만든다. 이것이 우리의 임무다. 그리고 이 일에 우리 교회들이 참여하게 해야 한다.

우리가 하는 일은 허비되지 않는다

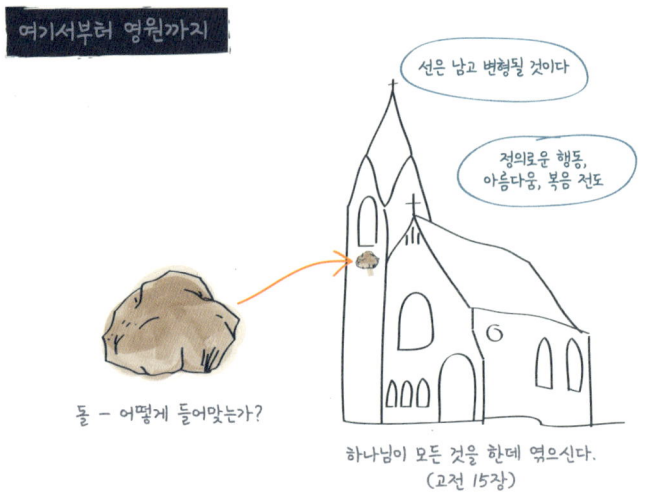

석공이 단순한 돌 한 조각으로 작업할지라도, 그의 작품은 커다란 건물의 일부가 될 것이다. 이처럼 이곳에서 우리가 하는 일도 하나님의 위대한 설계 속에 함께 포함될 것이다.

톰은 바울서신 중 가장 위대한 구절 하나가 우리의 현재 행위와 하나님의 새 창조 사이의 연결점을 보게 해 준다고 말한다. 고린도전서 15장은 최종 완성에 대한 내용이다. 예수님과 함께 우리는 새 시대에 산다. 하지만 여전히 온전한 완성을 기다린다. '지금 그리고 아직은 아닌' 것이다. 우리는 두 시대 사이를 산다. 마치 청소년과 같다. 새날의 새벽 같다. 이미 시작됐지만 완성되진 않았다. 고린도전서 15장은 모든 것이 완성될 때에 대해 말한다. 새 몸, 사망을 극복함, 최종 승리에 대해 말한다.

그리고 이 내용은 계속된다. 고린도전서 15장 58절은 우리에게 말한다. "내 사랑하는 가족이여, 그러므로 단단히 서서 흔들리지 말고 늘 주의 일로 넘쳐나게 하십시오. 알다시피, 주 안에서 여러분이 하는 수고가 헛되지 [않기 **때문입니다.**]"

여기서 **때문**이라는 단어에 주목하라. 고린도전서는 모든 사람들의 부활에 대해 설명하는 데 한 장 전체를 할애한다. 그리고 **때문**이라는 단어가 나온다. 여러분의 수고가 주님 안에서 헛되지 않음을 여러분도 안다. 우리가 현재 하는 일은 그때와 연결된다. 우리의 행위가 영원 속으로 메아리치게 될 것이다. 이 행위들은 성취된 하나님의 계획 속에 자리를 차지할 것이다. 톰은 우리에게 이렇게 상기시켜 준다. "부활이란 당신이 복음을 위해 현재 열심히 하는 일이 허비되지 않는다는 의미다. 헛되지 않다. 이 일은 하나님의 미래에 완성될 것이고, 완전히 성취될 것이다."[81] 이 사실은 우리가 지닌 동기와 세상에 대한 참여를 바꾼다.

당신은 절벽에서 막 굴러떨어지려는 기계의 바퀴에 기름칠을 하고 있는 게 아니다. 금방 불 속에 던져질 명작을 복원하는 게 아니다. 곧 건물 공사로 파헤쳐질 땅에 장미를 심고 있는 게 아니다. 언젠가 하나님의 새 세상의 일부가 될 일을 성취하고 있다. 모든 사랑과 감사와 친절의 행위가, 하나님의 사랑으로부터 영감을 받거나 하나님의 피조물의 아름다움에 기뻐하며 만든 모든 종류의 예술이나 음악 작품이, 심한 장애를 가진 어린아이가 읽고 걸을 수 있도록 가르치는 데 쓰인 모든 시간이, 동료 인간들이나 인간이 아닌 동료 피조물들을 돌보고 보살피며 위로하고 후원하는 모든 행동이, 그리고 물론 모든 기도가, 성령이 이끄시는 모든 가르침이, 복음을 전하는 모든 행위가, 교회를 세우고 부패 대신 거룩함을 포용하고 구체화하며 세상에서 예수님의 이름을 드높인다. 이 모든 일이 하나님의 부활의 능력을 통해, 언젠가 하나님이 만드실 새 창조 가운데 이어진다. 이것이 하나님의 사역의 논리다. 하나님이 그분의 멋진 세상을 재창조하시는 것은 예수님의 부활과 함께 시작되었고 하나님의 백성이 부활하신 그리스도와 성령의 능력 안에서 살 때 신비롭게 계속되며, 우리가 현재 그리스도 안에서 성령을 통해 하는 일이 헛되지 않음을 의미한다. 우리의 일은 하나님의 새 세상 속으로 지속될 것이다. 그리고 그곳에서 더욱 향상될 것이다.[82]

우리가 현재 여기서 하는 일들은 부분적이지만, 그 부분들은 위대한 최종 설계도 속에서 발견될 것이다. 우리의 불완전한 행위는 어떤 방식으로든 우리가 이 땅에 사는 것보다 더 오래 지속될 것이다. 톰은 마치 "대성당의 일부를 작업하는 석공"처럼 우리의 행위들이 하나님의 아름다운 위대한 설계 속에 하나가 될 것이라고 말한다.

"이 석공들은 다른 이들이 맡은 일을 잘해 나가고 있는지 거의 모른다.…하지만 지시를 따라 자신들이 한 일이 헛되지 않을 것이라 생각하며 설계자를 신뢰한다. 스스로 성당을 짓고 있진 않지만, 이들은 성당을 위해 일하는 것이며, 성당이 완성되었을 때 이들의 수고는 더욱 가치 있고 고결해질 것이고, 이들이 작업장에서 돌을 쪼고 깎아 내면서 느끼고 생각했던 것보다 훨씬 더 큰 의미를 갖게 될 것이다."[83] 톰은 이렇게 요약한다. "하나님 나라를 위해 건축하라. 바울의 주장과 같이, 우리가 현재 하는 일은 헛되지 않다(고전 15:58). 이 일은 모두 결국 완성될 구조의 일부가 될 것이다. 어떻게 그렇게 될지 지금은 전혀 모를지라도 말이다."[84] 이 일은 오늘 시작된다.

예수님이 모든 것을 재배치하신다

예수님 이야기는 장엄한 그림과 같다. 이 그림을 위해 적절한 공간을 확보하고자 집 전체를 재배치할 필요가 있다. 우리의 삶은 예수님 이야기를 그 중심에 두어야 한다.

톰 라이트를 이해하기 위한 여정을 모두 돌았다. 언젠가 누군가 톰에게 이 세상을 떠나기 전 침대에서 자녀들에게 어떤 말을 해 주겠냐는 질문을 했다. 그의 대답은 "예수님을 보아라"였다. "복음의 생명력이시며 복음을 기록한 글에서 우리를 만나기 위해 걸어 나오신 이분은 중심이 되실 수밖에 없고 대체되실 수 없다. 예수님은 언제나 우리에게 놀라움을 주신다. 우리는 결코 예수님을 우리 주머니 속에 넣을 수 없다. 그분은 언제나 다른 각도에서 우리에게 다가오신다.…만약 하나님이 누구신지 알고 싶다면 예수님을 보아라. 인간됨의 의미를 알고 싶다면 예수님을 보아라. 사랑이 무엇인지 알고 싶다면 예수님을 보아라. 그리고 그분을 계속해서 보아라. 예수님이 주인공이신 드라마를 그저 바라보는 관중으로 남지 않고 그 드라마에 참여할 때까지."[85]

이 메시지는 우리의 믿음을 개혁할 수 있다. 이 메시지는 교회를 다음 세기로 이끌어 갈 수 있다. 이 메시지는 우리 시대에 세상을 다시 한번 변화시킬 수 있다. 이 메시지는 우리의 삶을 새로운 형태로 전환시킬 수 있다. 톰은 우리에게 또 한 가지 예시를 준다.

한 부유한 졸업생이 모교에 훌륭하고 영광스러운 그림 한 점을 기증하는데, 이 대학에는 도저히 이 그림을 걸 공간이 없다. 이 그림이 너무나 웅장해서 결국 대학은 학교 건물을 허물고, 이 위대하고 예기치 못했던 선물을 중심으로 학교를 다시 짓기로 결정한다. 이 과정에서 대학이 가지고 있던 최상의 특성들이 새 구조물 속에서 더욱 보완되고, 이를 통해 사람들이 예전에 알고 있던 학교의 문제들이 해결된 것을 발견한다.[86]

톰은 예수님 안에 일어났던 그 위대한 사건을 그림으로 그린다. 그는 모두의 기대를 뛰어 넘는 메시아를 그려 낸다. 우리가 예수님의 이야기와 그분이 성취하신 일이 무엇인지에 대해 파고들면, 어떻게 "그분 안에서, 그분을 통해서, 그분을 위해서 모든 것이 만들어졌는지" 이해하게 된다. 예수님 안에서 일어난 일은 시대를 쪼개어 나눈다. 그분이 하신 일은 완전히 새로운 시대를 도래시켰다. 하나님이 여기 계신다. 그리고 우리는 살아 있음에 감사한다!

결론: 당신은 어떤 노래를 부르는가

우리의 곡을 훌륭한 노래로 바꾸시는
가수 예수님

새 세상의 음악을 우리에게 가르치시는
작곡가 예수님

예수님 앞에서 마주하는 도전은 우리가 우리의 노래를 불러 줄 누군가를 원한다는 것이다. 그러나 예수님은 완전히 새로운 음악을 우리에게 가르쳐 주시기 위해 오셨다. 우리는 예수님이 우리의 가수가 돼 주시기 바라지만 예수님은 우리의 작곡가시다.

지금까지 우리는 오늘날 가장 훌륭한 지성인 중 한 사람에 대해 잘 살펴보았다. 톰 라이트는 우리에게 신선한 목소리로 이야기한다. 그는 정말 중심이 되는 것이 무엇인지 우리에게 상기시켜 준다. 그는 깨달음을 추구하는 자신 말고 하나님을 주인공으로 여기며 성경을 읽을 것을 우리에게 요청한다. 그는 어떻게 하나님이 자신이 창조하신 만물을 (우리를 포함해서) 다루시는지에 관한 우리의 비전을 재조정하라고 말한다.

우리는 하나님 나라를 개인적 경건으로, 십자가의 승리를 양심의 위안 정도로, 부활절 사건을 슬프고 어두운 이야기에 뒤따르는 행복한 도피주의적 결말로 축소시켰다. 경건, 양심, 궁극적 행복은 중요하지

만 결코 예수님 그분만큼 중요하진 않다.[87]

관점의 변화는 그리스도인으로서 떠나는 우리 여정의 방향을 바꿀 수 있다. 이것은 우리가 세상에 끼치는 영향을 변화시킬 수 있다. 우리가 하나님께, 하나님 나라에, 하나님의 신실하심에 초점을 다시 맞출 때, 우리는 신선한 비전으로 활기를 되찾을 수 있고 성령님의 임재로 힘을 얻을 수 있다. 이러한 변화는 대가를 지불해야만 일어난다. 우리는 새로운 왕 앞에 자신의 전부를 내려놓으라고 부름받았다. 이는 왕권에 관한 문제다. 우리 모두에게 이 단순한 선택이 주어졌다. 우리에겐 이를 따를 의향이 있는가?

그들은 자신이 원한다고 생각했던 집을 지어 줄 건축자를 찾았지만 그분은 설계자셨고, 그들이 필요로 하는 모든 것을 줄 수 있는 설계도를 가지고 오셨지만, 그 설계도는 그 모든 것을 상당히 새로운 구조 안에서 구현한다. 그들은 오랜 기간 자신들이 흥얼거려 왔던 노래를 불러 줄 가수를 찾고 있었지만 그분은 작곡가셨고, 그들에게 새로운 노래를 가져다주셨다. 이 새 노래에 대해 그들이 전에 알던 노래는 기껏해야 배경음악에 지나지 않게 되었다. 그분은 물론 왕이셨지만 자신의 사역과 사명과 운명을 중심으로 왕권 자체를 재정의하러 오셨다.[88]

당신은 새 노래를 부를 준비가 되었는가?

이 책에 이어서

하나님 나라란 무엇인가? 그 나라는 우리 시대와 우리 마을 안에 어떻게 실현되는가? 이 질문은 "스파크 유럽"(Spark Europe)이라는 우리 네트워크가 던지는 핵심 질문이다. 우리는 포스트모던 유럽에서 교회를 심고, 예술을 발전시키며, 사회사업을 시작하고, 하나님 나라의 대사들에게 힘을 주는 일을 하고자 한다. 우리와 함께해 주길 바란다.

톰 라이트는 계속해서 연구하고 책을 펴낸다. 우리는 이 책을 뒷받침하는 블로그를 하나 만들었다. 이 책이 나오기까지 과정이 담긴 뒷이야기와 톰의 과거 작품 및 앞으로 나올 작품에 대한 요약 동영상을 이 블로그에서 찾아볼 수 있다. 또한 여러분이 메시지를 전하는데 도움이 될 만한 그림들을 공공 사용 허가를 포함해 첨가했다. 여기엔 그림 116점이 있는데 그중에서 톰의 생각을 담은 미출판 자료들을 찾아볼 수 있다.

마지막으로 톰의 생각에 대해 깊이 연구해 볼 수 있는 자료들이 점점 더 많아지고 있다. ntwrightpage.com은 2004년부터 운영되고 있으며 강의, 링크, 오디오 자료들을 폭넓게 제공한다. ntwrightonline.org는 N.T. 라이트가 강의하는 세계적 수준의 과목들을 제공한다. 선별된 주제에 대한 강의와 성경 권별 강의를 모두 들을 수 있다. 톰의 페이스북 페이지에는 그가 다녔던 강연들과 프로젝트들이 나와 있다. 여기에 더해 우리도 이 책에 부록을 첨가한다. 어떤 장의 내용이든 더 깊이 탐구하는 데 도움이 될 것이다.

가장 좋은 일은 아직 일어나지 않았다!

부록: 자주 하는 질문

좋은 안내서로 인정받으려면 주요 질문들을 어느 정도 다뤄 주어야 한다. 다음은 톰의 생각에 대해 가장 흔히 나오는 질문들과 반대 의견들이다.

너무 복잡하지 않은가?
이는 누군가에게 독일에서 이탈리아까지 가는 방법을 설명하는 것과 같다. 아주 간단하게, 그냥 남쪽으로 가라고 말할 수도 있다. 혹은 가는 길에 마주할 것들에 대해 좀더 자세히 설명할 수도 있다. 이 여정은 알프스 산맥을 통과하는데, 그 자체만으로도 설명하기에 숨이 멎을 듯 기가 막힌 세부 사항들을 담고 있다.

성경을 이해하기 위해 역사학자가 되어야 하는가?
성경은 역사책으로 기록되었다. 이 사실을 무시하면 잘못된 결론을 도출하거나 우리가 원하는 것들을 이야기 속에 투영할 위험에 빠진다. 따라서 역사를 다루면 메시지를 올바로 이해하는 데 도움이 된다. 어떤 것이 다른 문화에서는 어떤 의미를 지니는지 아는 것은 특히 중요한데, 진술들이 지닌 중요성을 분별하는 데 도움이 되기 때문이다.

하늘과 땅이 사라져 버린다는 말이 있지 않은가?

격변적 사건에 대해 이야기하는 구절이 여럿 있다. 영지주의적으로 들으면 이는 우주 시공간이 끝난다는 의미일 것이다. 하지만 이는 본문 자체가 말하는 내용보다 해석자가 본문에 갖고 들어가는 전제를 나타내는 해석일 수 있다. 창조 세계의 선함과 창조 세계의 구속에 대한 기대에 뿌리를 내리고 있는 유대인들은 이 본문들을 묵시적으로 읽을 것이다. 묵시적이라는 것은 드라마틱한 표현을 사용해 시공에 발생하는 커다란 사건을 표현한다는 뜻이다. 예를 들어 로마제국의 멸망에 대해 이야기할 때, 태양이 녹아 버릴 것이라는 식의 표현을 사용할 수 있다. 이 표현은 문자 그대로 태양이 없어져 버린다는 것이 아니다. 아주 극적인 사건을 표현하는 것이다. 시공간 안에서 발생하는 사건 말이다.

톰은 대속적 속죄(substitutionary atonement)를 없앴는가?

그렇지 않다. 그는 예수님이 우리의 죄를 직접 담당하셨다고 주장한다. 그는 예수님이 하나님의 의이며 신실하심이라 주장한다. 톰은 단지 이것을 더 큰 이야기, 즉 하나님이 창조 세계를 다루시는 이야기 속에 집어넣는다. 톰이 없애 버린 것이 하나 있긴 하다. 그것은 기독교 안에 들어온 영지주의적 세계관이다. 그는 이것을 창조, 심판, 부활의 유대교적 관점으로 대체했다.

톰처럼 단어의 의미를 바꾸는 것은 위험하지 않은가?
단어의 의미를 바꾸는 것은 대화를 어렵게 만든다. 이런 일은 항상 일어난다. 한번 1960년대 영화를 보라. 만약 이런 변화가 50년 사이에 일어난다면 2천 년 동안에도 분명 일어날 것이다. 성경을 이해하는 것이 중요하기 때문에 톰은 주요 단어들에 대한 요즘의 이해에 의문을 제기하며 그 단어들의 원래 의미를 찾으려 한다. 바로 이런 작업을 위해 학문과 진지한 연구가 필요한 것이다.

기독교가 생긴지 2천 년이나 지난 지금, 참 진리를 발견했다고 말하는 것은 그저 일시적 유행 아닌가?
모든 세대가 성경을 이해하고자, 그리고 성경이 자신들의 상황에 어떻게 연관되는지 파악하고자 애써야 한다. 기독교 역사는 예수님 사건의 의미가 무엇인지 이해하려는 시도로 가득 차 있다. 이것은 아직 끝나지 않은 일이며 앞으로도 계속될 것이다.

톰의 가르침 중에 기적은 어디 있는가?
톰은 하나님이 우리 시대에도 사람들을 고치시며 기타 다양하고 '비범한' 일들을 하신다고 믿는다. 그는 신학자로서 역사에 중점을 두고 성경 본문에 접근한다. 그는 저변에 깔린 세계관을 파헤치기 위해 여러 이슈들을 다룬다. 자신이 직접 그런 사건들을 경험했음에도 불과하고, 그에게 기적은 주로 이정표와 같다. 톰은 오늘날 어떤 교회들이 하는 방식으로 기적을 가르치거나 옹호하지는 않는다.

어떻게 평범한 보통 사람이 세계적 부채 구조에 영향을 미치겠다는 소망을 가질 수 있는가?
복잡한 문제와 씨름하려면 보통 수많은 접근 방법이 필요하다. 한 가지 영역은 정치인데, 국가·지역 정치 모두가 해당된다. 보통 사람들도 목소리를 낼 수 있고, 어떤 문제들을 다루어 달라고 정치인들에게 요구할 수 있다. 또 다른 방법은, 경제적 불균형을 다루는 과업의 일부분을 개인의 삶에 구체화하는 것이다. 이 일은 어떤 프로젝트에 참여하는 것이 될 수도, 이 이슈의 어떤 부분들에 대해 생각을 정리하여 새로운 해결 방안을 개척하는 일이 될 수도 있다.

하나님 나라를 위해 일하는 것 — 톰은 이것이 인간의 노력에 달려 있다고 주장하는가?
그렇다, 그는 그렇게 주장한다. 인간은 하나님의 창조 세계를 돌보는 청지기로 설계되었다. 따라서 인간의 노력은 다른 사람들뿐 아니라 하나님의 창조 세계에도 실제적 영향을 미친다. 하나님은 그분의 실행 계획을 인간의 손에 맡기셨다. 반면에 마지막 심판과 구속은 하나님의 일이다. 이는 파트너 관계다. 하나님은 우리의 선임 파트너라 할 수 있다.

과연 세상이 더 나아질까?

그렇지 않다. 어떤 일들은 개선될 것이다. 하나님 나라는 더 가까이 오며, 진행될 것이다. 하지만 어두움은 여전히 남아 있을 것이다. 악의 세력은 언제나 그랬듯 존재할 것이며 예수님의 재림 이전에는 사라지지 않을 것이다.

톰은 지옥의 존재를 믿는가?

톰에게 지옥은 까다로운 영역이다. 그의 저서인 『마침내 드러난 하나님 나라』에서 톰은 자신이 이 문제에 대해 무지하다고 말한다. 그는 영원한 저주, 소멸, 지속되는 모든 이의 구원까지 세 가지 선택지가 있다고 말한다. 그는 이렇게 말한다. "나는 보편주의자가 아니며 한 번도 그랬던 적이 없다. 내 위치는 나머지 두 입장의 중간 정도라고 할 수 있다. 즉, 신이 아닌 존재(non-gods)를 계속해서 예배하는 사람들은 자신의 인간됨(humanity)을 스스로 해체시킨다는 것이다." 톰은 그리스도인이 다른 누가 심판받아야 하는지 생각하는 것이 적절하지 않다고 일깨워 준다. 또한 성경의 주된 관심이 하늘과 땅의 결혼에 있지, 지옥과 땅에 있지 않음을 상기시켜 준다. 하늘과 땅의 결혼이 우선되어야 한다.

부록: 더 깊이 파기

톰에 대해 더 깊이 알고 싶은 여러분을 위해 몇 가지 지침을 더 제공하고자 한다. 다음 책들의 대·소단원들과 강의, 동영상들이 톰의 포괄적 사고를 탐구하고 더 깊이 연구하는 데 도움이 될 것이다. 이 책의 1장에 관한 자료는 다소 부족한 편인데, 이는 톰의 자서전이 없고 그가 개인적 이야기를 길게 하지 않기 때문이다.

2장. 톰은 어떤 점에서 새로운가?

이야기로 보는 성경

우리는 혼합물에서 이야기를 걸러 낸다
웹페이지: How Can The Bible Be Authoritative?
http://ntwrightpage.com/Wright_Bible_Authoritative.htm.

성경을 드라마로 이해하기
Scripture and the Authority of God. Chapter 1: By Whose Authority?
『성경과 하나님의 권위』(새물결플러스).

왜 아브라함인가
Paul and the Faithfulness of God. Chapter 10: The People of God,

Freshly Revealed. 『바울과 하나님의 신실하심』(CH북스).

거래하기

Udemy. Galatians (video). Section 4, Lecture 16.
https://www.udemy.com/paul-and-his-letter-to-the-galatians/learn/v4/t/lecture/2720216.

약속이 성취됨

Udemy. Galatians (video). Section 4, Lecture 18.
https://www.udemy.com/paul-and-his-letter-to-the-galatians/learn/v4/t/lecture/2720228.

이야기가 어떻게 마무리될 것인가

Creation, Power, Truth. Chapter 1 – Glimpses of Gnosis in Western Culture.

예수님 안에서의 사건

우리는 복음을 어떻게 오해했는가

Simply Good News. Chapter 2 – The Backstory. 『이것이 복음이다』(IVP).

개인적 종교에서 사적 종교로

Surprised by Scripture. Chapter 7 – How the Bible Reads the Modern World. 『시대가 묻고 성경이 답하다』(IVP).

하나님이 역사 속에 도래하시다

How God became King. Chapter 5: Glory Unveiled: John's Temple Christology. 『하나님은 어떻게 왕이 되셨나』(에클레시아북스).

부활절은 이 세상에 대해 말한다

Surprised by Hope. Chapter 4: The Strange Story of Easter. 『마침내 드러난 하나님 나라』(IVP).

하나님 나라의 의미

기대: 귀향

Jesus and the Victory of God. Chapter 13: The Return of the King. 『예수와 하나님의 승리』(CH북스).

해답: 새 창조

Following Jesus. Chapter 4: The Glory of God: John. 『나를 따르라』(살림).

옛 세상 한가운데 있는 새 세상

Paul and the Faithfulness of God. Chapter 11, Section 5: God's Future for the World, Freshly Imagined / Eschatology and Christian Living.

이것이 하나님 나라다

How God Became King. Chapter 10: Kingdom and Cross.

도덕에 관한 새 해석

행복 쫓기

After you believe. Chapter 2: The Transformation of Character. Three. 『그리스도인의 미덕』(포이에마).

행복은 잊어버리라 — 당신은 보좌로 부름받았다

Surprised by Scripture. Chapter 5: Jesus is Coming – Plant a Tree!

하나님의 프로젝트에 참여할 준비하기

After you believe. Chapter 2: The Transformation of Character. Eight.

세상 속에 하나님 반영하기

After you believe. Chapter 7: Virtue in Action: The Royal Priesthood. Four.

3장. 이야기가 바뀌었다

새로워진 두 눈

어떻게 정신이 변화하는가

The Case for the Psalms. Chapter 1: Introduction. 『땅에서 부르는 하늘의 노래, 시편』(IVP).

세계관이 작용하는 원리

The New Testament and the People of God. Chapter 8: Story, Symbol, Praxis. 『신약성서와 하나님의 백성』(CH북스).

21세기의 세계관

Udemy. Worldviews (video). Section 6, Lecture 27.
https://www.udemy.com/worldviews-the-bible-and-the-believer/learn/v4/t/lecture/2837238.

바울의 세계관
Paul and the Faithfulness of God. Chapter 8: Five Signposts of the Apostolic Mindset.

우리 모두가 하나님이 위층에 살고 계신다고 생각하는 이유
Creation, Power, Truth. Chapter 1: Against Contemporary Gnosticism.

우리가 보지 못하는 것
Surprised by Scripture. Chapter 3: What History and Science Have to Say about Easter.

이것이 복음이다
Simply Good News. Chapter 4: Distorted and Competing Gospels.

창조 때 그랬듯 우리는 하나님의 형상이며 여전히 이 세상에서 하나님의 동역자다

하나님의 통치를 어떻게 선포할 것인가
Simply Jesus. Chapter 14: Under Management. 『톰 라이트가 묻고 예수가 답하다』(두란노).

예배와 전도
Simply Jesus. Chapter 8: Stories that Explain and a Message That Transforms.

하나님이 설계를 나디니는 공동체
Udemy, Philippians (video), Section 2, Lecture 11.
https://www.udemy.com/paul-and-his-letter-to-the-philippians/

learn/v4/t/lecture/3852978

예술은 우리의 눈을 연다

Surprised by Scripture. Chapter 11: Apocalypse and the Beauty of God.

정의는 그리스도의 사역을 실행한다

Creation, Power, Truth. Chapter 3: Spirit of Truth: the Witness of John.

4장. 하나님의 새 세상에서 살며 하나님이 최종적으로 일하시길 기다리기

우리 영혼 속 네 개의 메아리

우리는 삶 속에서 어떻게 이끌림을 받는가

Creation, Power, Truth. Introduction.

정의를 향한 염원

Simply Christian. Chapter 1: Putting the World to Rights. 『톰 라이트와 함께하는 기독교 여행』(IVP)

아름다움을 향한 염원

Simply Christian. Chapter 2: For the Beauty of the Earth.

관계를 갈망함

Simply Christian. Chapter 3: Made for Each Other.

의미를 탐색함

Simply Christian. Chapter 2: The Hidden Spring.

하늘과 땅이 결혼할 것이다

하나님과 우리가 관련되는 세 가지 방식
Simply Christian. Chapter 5: God.

하늘과 땅이 맞물림
The Case for the Psalms. Chapter 5. All the Trees of the Forrest Sing for Joy.

이 영화는 어떻게 끝나는가
Surprised by Hope. Chapter 6: What the Whole World is Waiting For.

이것이 사후의 삶이다: 죽은 자가 일어날 것이며 땅은 원래 의도대로 될 것이다

소망에 대한 혼동된 관점들
Surprised by Hope. Chapter 1: All Dressed Up and No Place to Go.

죽음 후의 삶 후의 삶
Surprised by Hope. Chapter 3: The Surprising Character of Early Christian Hope.

미래의 예고편처럼
Simply Good News. Chapter 2: The Return of the One God.

우리가 한 일은 헛되지 않았다

행위는 미래까지 지속된다

Surprised by Hope. Chapter 12: Rethinking Salvation.

우리가 하는 일은 허비되지 않는다

Simply Jesus. Chapter 15: Jesus, Ruler of the World.

예수님이 모든 것을 재배치하신다

The Work of the People (video): Look at Jesus.

http://www.theworkofthepeople.com/look-at-jesus

결론: 당신은 어떤 노래를 부르는가

Simply Jesus. Chapter 1: The Challenge to the Churches.

주

1) N.T. Wright, *Romans in a Week* (Lecture Series 1992 at Regent College), https://www.regentaudio.com/products/romans-in-a-week.
2) Jesus Army, "Talking to Tom Wright", http://jesus.org.uk/blog/talking-to/talking-to-tom-wright-part-1.
3) *Christianity Today*, Surprised by NT Wright, http://www.christianitytoday.com/ct/2014/april/surprised-by-n-t-wright.html.
4) *Time*, Should we bring Heaven down to Earth? http://ideas.time.com.2012/04/05/should-we-bring-heaven-down-to-earth/.
5) *The Work of the People*, Called to Study and Teach, http://www.theworkofthepeople.com/called-to-study-and-teach.
6) N.T. Wright, *Scripture and the Authority of God: How to Read the Bible Today* (New York: HarperCollins, 2011), p. 24.
7) N.T. Wright, *The Case for the Psalms: Why They are Essential* (New York: HarperOne, 2013), p. 52. 『땅에서 부르는 하늘의 노래, 시편』(IVP).
8) *The Work of the People*, The Fulfillment, http://www.theworkofthepeople.com/the-fulfillment.
9) N.T. Wright, *Surprised by Scripture: Engaging Contemporary Issues* (New York: HarperOne, 2014), p. 60. 『시대가 묻고 성경이 답하다』(IVP).
10) N.T. Wright, *Simply Jesus: A New Vision of Who He Was, What He Did, and Why He Matters* (New York: HarperCollins, 2011), p. 141. 『톰 라이트가 묻고 예수가 답하다』(두란노).
11) N.T. Wright, *Paul and Faithfulness of God: 2 vols. Christian Origins and the Question of God 4* (Minneapolis: Fortress, 2013), pp. 1043-1044. 『바울과 하

나님의 신실하심』(CH북스).
12) N.T. Wright, *Simply Good News: Why the Gospel Is News and What Makes It Good* (New York: HarperOne, 2015), p. 4. 『이것이 복음이다』(IVP).
13) Wright, *Surprised by Scripture*, p. 6.
14) N.T. Wright, *How God became King: The Forgotten Story of the Gospels* (New York: HarperOne, 2012), pp. 34-36. 『하나님은 어떻게 왕이 되셨나』(에클레시아북스).
15) 같은 책, p. 87.
16) 같은 책, p. 94.
17) N.T. Wright, *Surprised by Hope: Rethinking Heaven, the Resurrection, and the Mission of the Church* (New York: HarperOne, 2008), p. 56. 『마침내 드러난 하나님 나라』(IVP).
18) N.T. Wright, *How Can The Bible Be Authoritative?*(The Laing Lecture 1989, and the Griffith Thomas Lecture 1989. Originally published in Vox Evangelica, 1991, pp. 21, 27-32), http://ntwrightpage.com/Wright_Bible_Authoritative.htm.
19) 요한복음 1:1.
20) 요한복음 1:14.
21) N.T. Wright, *Creation, Power, and Truth: The Gospel in a World of Cultural Confusion* (London: SPCK, 2013), p. 86.
22) N.T. Wright, *Following Jesus: Biblical Reflections on Discipleship* (Grand Rapids: Eerdmans, 1994), p. 35. 『나를 따르라』(살림).
23) An Angled mirror, behold the man(강의 "Called to be Human: Agenda for Tomorrow's Church"에 기초, 2010년 11월, Trinity Western University.
24) Wright, *How God became King*, p. 239.
25) Wright, *Surprised by Scripture*, p. 59.
26) Wright, *Simply Good News*, p. 54.
27) Wright, *Surprised by Scripture*, p. 94.
28) 같은 책, p. 32.
29) 마가복음 1:15-16.

30) *Jesus Army*, "Talking to Tom Wright", http://jesus.org.uk/blog/talking-to/talking-to-tom-wright-part-1.
31) N.T. Wright, *After You Believe: Why Christian Character Matters*(New York: HarperOne, 2010), p. 36. 『그리스도인의 미덕』(포이에마).
32) 같은 책, p. 157.
33) Wright, *Simply Jesus*, p. 212.
34) Wright, *Surprised by Scripture*, p. 35.
35) Wright, *After You Believe*, p. 243.
36) 같은 책, p. 157.
37) *Udemy*, "Worldviews, the Bible and the Believer" by N.T. Wright, Professor, https://www.udemy.com/worldviews-the-bible-and-the-believer/learn/.
38) *The Work of the People*, "Crucified with Christ", 영상의 1분, http://www.theworkofthepeople.com/crucified-with-christ.
39) *Udemy*, "Philippians, Q&A video", 영상의 2분 30초.
40) *Udemy*, "Paul and His Letter to the Philippians" by N.T. Wright, Professor (overview, 영상의 14분 30초), https://www.udemy.com/paul-and-his-letter-to-the-philippians/learn/.
41) Wright, *Surprised by Scripture*, p. 6.
42) Wright, *Simply Jesus*, p. 140.
43) Wright, *Surprised by Scripture*, p. 61.
44) Wright, *Surprised by Hope*, p. 69.
45) Wright, *Creation, Power and Truth*, p. 18.
46) Wright, *Simply Good News*, p. 27.
47) 같은 책, p. 65.
48) Mike Breen, *Building a Discipleship Culture* (3DM Publishing, 2014).
49) Wright, *Simply Good News*, p. 56.
50) Wright, *Surprised by Hope*, p. 293.
51) Wright, *Simply Jesus*, p. 217.
52) Wright, *Simply Good News*, p. 14.
53) *Udemy*, "Paul and his letter to the Galatians", by N.T. Wright, Professor,

https://www.udemy.com/paul-and-his-letter-to-the-galatians/.
54) Wright, *Paul and Faithfulness of God*, p. 404.
55) N.T. Wright, *Evil and the Justice of God* (Downers Grove, IL: InterVarsity, 2006), p. 125. 『악의 문제와 하나님의 정의』(IVP).
56) 같은 책, p. 126.
57) Wright, *Simply Jesus*, p. 219.
58) Wright, *Creation, Power and Truth*, p. 47.
59) Wright, *Evil and the Justice of God*, p. 122.
60) Wright, *Surprised by Scripture*, p. 178.
61) 같은 책, p. 177.
62) 같은 책, p. 178.
63) 같은 책, p. 193.
64) 같은 책, p. 193.
65) Wright, *Creation, Power and Truth*, p. 9.
66) N.T. Wright, *Simply Christian: Why Christianity Makes Sense* (San Francisco: Harper, 2006), p. 49. 『톰 라이트와 함께 하는 기독교 여행』(IVP).
67) 같은 책, p. 26.
68) 같은 책, p. 58.
69) 같은 책, p. 115.
70) Wright, *The Case for the Psalms*, p. 22.
71) Wright, *Simply Good News*, p. 34.
72) Wright, *Surprised by Hope*, p. 19.
73) Wright, *Scripture and the Authority of God*, p. 191.
74) Wright, *Paul and the Faithfulness of God*, p. 548.
75) Wright, *How God became King*, p. 44.
76) Wright, *Surprised by Hope*, p. 41.
77) 시편 96:11-13.
78) 시편 98:7-8.
79) Wright, *Paul and Faithfulness of God*, p. 1089.
80) Wright, *Surprised by Hope*, p. 193.

81) 같은 책, p. 162.
82) 같은 책, p. 208.
83) 같은 책, p. 207.
84) Wright, *Simply Jesus*, p. 211.
85) *The Work of the People*, "Look at Jesus", http://www.theworkofthepeople.com/look-at-jesus.
86) Wright, *Surprised by Scripture*, p. 58.
87) Wright, *Simply Jesus*, p. 5.
88) 같은 책, p. 5.

옮긴이 박장훈은 캐나다 사이먼프레이저 대학교에서 철학을 공부하고, 리젠트 신학대학원에서 신학 석사 학위를 받았다. 그 후 영국 세인트앤드루스 대학교에서 신학 석사를 마치고 톰 라이트 교수의 지도 아래 바울신학 분야로 박사 논문을 썼다. 현재 백석신학대학원, 아세아연합신학대학원, 숭실대학교에서 가르치고 있다. 옮긴 책으로는 톰 라이트의 『성경과 하나님의 권위』(새물결플러스)가 있다.

톰 라이트는 처음입니다만

초판 발행_ 2019년 7월 29일

지은이_ 마를린 바틀링
옮긴이_ 박장훈
펴낸이_ 신현기

발행처_ 한국기독학생회출판부
등록번호_ 제313-2001-198호(1978.6.1)
주소_ 04031 서울 마포구 동교로 156-10
대표 전화_ (02)337-2257 팩스_ (02)337-2258
영업 전화_ (02)338-2282 팩스_ 080-915-1515
홈페이지_ http://www.ivp.co.kr 이메일_ ivp@ivp.co.kr
ISBN 978-89-328-1714-9

ⓒ 한국기독학생회출판부 2019

책값은 뒤표지에 있습니다.
무단 전재와 복제를 금합니다.